**JOSETTE HÉROU**
Docteur ès Lettres
Maître de conférences à l'Université de Paris-Nord



# PRÉCIS DE LITTÉRATURE ANGLAISE

NATHAN

ISBN 209 190590-9

# SOMMAIRE

# AVANT-PROPOS

Cet ouvrage analyse les principaux aspects du fait littéraire en Grande-Bretagne et, pour la période contemporaine, dans les pays anglophones, en excluant les Etats-Unis, qui font habituellement l'objet d'une étude séparée. Il mentionne les auteurs principaux, leurs œuvres majeures, les courants où elles s'insèrent et les techniques employées.

En partant de la définition très large de Lord Ifor Evans : « English literature is what the English-speaking people have considered for nearly a thousand years to be their literature… the literature which has stood the test of time », il est possible de faire une analyse diachronique d'œuvres choisies dans ce vaste corpus, en les plaçant dans le milieu où elles apparurent, et de la réception que le public et la critique leur réservèrent ; on peut aussi aujourd'hui en apprécier la valeur permanente.

Pour les œuvres modernes, il n'y a pas l'épreuve du temps ; par ailleurs, la place et le statut de la littérature ont changé ; de plus, la diversité et la proximité des œuvres en rend le classement plus difficile. Les développements de la psychologie, de la sociologie, de la psychanalyse et des sciences du langage ont influencé les auteurs et informé la critique. La linguistique a mis en évidence les niveaux de langue et l'existence d'une langue parlée, distincte de la langue écrite. Tout cela permet un usage plus conscient et plus diversifié de l'écriture. Ces nouveaux modes d'écriture et de lecture n'empêchent pas les œuvres d'être enracinées dans la tradition, de s'en inspirer ou de la contredire.

À cette description des faits s'ajouteront des temps de pause où la considération synchronique de techniques, de mouvements, de correspondances entre les genres et les milieux littéraires permettront une approche différente, grâce à des encadrés insérés dans les chapitres. Une bibliographie, une chronologie et un index faciliteront la recherche de références. Les étudiants qui entreprennent des études de littérature anglaise y trouveront les informations servant de point de départ à une étude approfondie des œuvres au programme. Les autres lecteurs pourront situer les textes qu'ils préfèrent et ajouter ainsi au plaisir de lire, à la familiarité avec les œuvres elles-mêmes, la beauté et la vision du monde qu'elles contiennent.

1

# DU MOYEN ÂGE AU RÈGNE DES TUDORS

De graves problèmes de langue se sont posés pendant cette longue période du VIIe siècle à 1485. Les écrivains s'exprimaient en latin et en saxon, suivant le genre et le sujet, puis en français, après la conquête normande — l'identité de l'anglais se formant peu à peu à partir de fusions de dialectes, du franco-normand et du latin, utilisés jusqu'au XVIIe siècle. La disparition de nombreux manuscrits, l'état des documents rend une étude littéraire très difficile. C'est pourquoi on date le début de la littérature anglaise à Chaucer, dans la seconde moitié du XIVe siècle. Diverses influences s'exercèrent en raison des invasions germaniques, nordiques puis normandes et de la rechristianisation, qui se superposèrent au vieux fonds celte. L'influence païenne apparaît dans le style héroïque, soulignant l'importance des guerriers, du roi, et la persistance des mythes celtes ; le christianisme apporte une interprétation mystique et morale du monde.

## 1. AVANT LA CONQUÊTE NORMANDE : LE VIEIL ANGLAIS

### 1.1 La poésie

Elle est prédominante dans les périodes anciennes. Quatre manuscrits seulement subsistent dans lesquels se trouvent des poèmes religieux et quelques poèmes séculiers, Cynewulf (VIIIe siècle) et des anonymes dont *Genesis B* qui est un précurseur du *Paradis perdu* de Milton : on y trouve une figure de Satan et une géographie de l'Enfer. Les poèmes séculiers sont presque tous perdus : on peut citer un texte de Bede le Vénérable et surtout *Beowulf,* épopée du VIII$^e$ siècle où le christianisme se mêle à un idéal héroïque et païen : le thème est emprunté aux légendes scandinaves : le roi Beowulf tue les monstres qui dévorent ses guerriers puis, après un long règne, meurt après avoir terrassé un dragon. Le poème compte trois mille vers. Une période troublée de six siècles suivit avec une faible production d'œuvres littéraires.

### 1.2 La prose

Les sujets sont religieux, historiques et philosophiques, écrits en latin ou en langue « vulgaire » : **Bede** le Vénérable, rédigea en latin l'*Histoire ecclésiastique du peuple anglais* (731) ; elle fut traduite en vieil anglais sous le roi Alfred. **Alfred** traduit Boethius, philosophe stoïque du VI$^e$ siècle. Sous son règne commence aussi la *Chronique anglo-saxonne,* qui se poursuivra jusqu'au XII$^e$ siècle. **Aelfric** écrivit la *Vie des Saints* et des homélies ; **Wulfstan** composa une grammaire latine et anglaise et des sermons.

## 2. LE MOYEN-ANGLAIS AU XIV$^e$ SIÈCLE

### 2.1 La poésie autour de Chaucer

Il y a une certaine continuité en poésie, en dépit d'attaques répétées (Sir Arthur Quiller-Couch, au début du XX$^e$ siècle, suggéra que ces poèmes anciens pouvaient être négligés mais, depuis G.M. Hopkins, de nombreux poètes ont trouvé inspiration et procédés techniques dans ces textes anciens. Aujourd'hui on se demande s'il faut continuer à les étudier à l'Université).

Parmi les poètes de la région Ouest, **W. Langland** écrivit *Piers Plowman,* allégorie de Pierre (le Christ) et de Vérité ; la versification y est saxonne. D'un anonyme (environ 1370), nous connaissons *Pearl, Purity,*

*Patience* et *Sir Gawain and the Green Knight,* chanson de geste (*romance*) illustrant le cycle du roi Arthur, comme *Morte d'Arthur,* de **Thomas Malory.**

> **Prosodie saxonne**
>
> Poésie non rimée, organisée autour de l'allitération (répétition de la consonne initiale). Deux demi-vers séparés par une forte césure, quatre syllabes accentuées et un nombre variable de syllabes faibles : « In a summer season // when soft was the sun » (*Piers Ploughman*).
> Après l'invasion normande, la rime est introduite, les rythmes sont plus variés (-' / -' / -' ou --' / -' / --' ou encore '- / '-- / '-/). Chaucer introduisit le distique rimé et le pentamètre iambique (5 iambes : '-).

**Chaucer** (environ 1340-1400), ouvert aux influences françaises, italiennes et à celles de l'Antiquité, écrivit dans la tradition médiévale des allégories, comme *The House of Fame,* des ballades, des rondeaux, mais aussi trois poèmes plus ambitieux : *Troilus and Criseyde* (1385-1387) ; l'histoire, tirée de *Il Filostrato,* de Boccace, fut ensuite utilisée par Shakespeare. Chaucer traite cet épisode de la guerre de Troie sur le mode de l'amour courtois. *The Legend of the Good Women* (1385) décrit les amours tragiques de Cléopâtre et de nymphes en de très beaux vers. *The Canterbury Tales* — contes inachevés où des pèlerins, poussés par l'aubergiste ou en route vers Canterbury, racontent tour à tour une histoire — montrent la réalité d'une manière truculente et pleine d'esprit : le chevalier, la nonne, la commère de Bath revivent pour nous.

Chaucer eut peu de disciples : en Ecosse, on trouve quelques échos chez de bons poètes comme Robert Henryson, encouragé par le roi Jacques 1^er^, poète lui-même, et surtout William Dunbar (« On the Nativity of Christ » et « lament for the Makers » ont des accents très personnels).

La ballade, genre employé par tous ces poètes, était un genre très populaire aux XIV^e^ et XV^e^ siècles, en Angleterre (cycle de Robin des Bois : « Chevy Chase »), en Irlande et en Ecosse (*Border Ballads* et légendes arthuriennes).

**La Ballade**

1. La ballade traditionnelle *(Folk ballad)* est chantée et transmise oralement ; les auteurs sont anonymes ; les thèmes sont l'amour, la guerre, la mort, des hauts faits légendaires germaniques ou scandinaves avec des réminiscences celtes : *Lord Randal* est peut-être la plus connue.
2. Imprimée sur des affiches et chantée, elle porte sur l'actualité : *Broadside Ballads.*
3. Forme utilisée par les poètes, surtout romantiques, elle est le plus souvent composée de quatrains : tétramètres et trimètres alternés, le deuxième et le quatrième vers riment : aux XIVe et XVe siècles, il y a refrain, souvent en latin.

The King sits in Dumfermling Town,
Drinking the blue-red Wine :
« O where will I get a good Sailor,
To Sail this Ship of mine ? »

Sir Patrick Spense (modernisé)

## 2.2 Le théâtre : mystères et moralités

Il est représenté par des pièces religieuses : les « mystères ». Quatre cycles nous sont connus : ceux d'York, de Chester, de Wakefield et de Coventry. Les pièces qui les composent sont bibliques ou commentent la liturgie ; leur but est didactique, mais elles comportent aussi un élément de farce qui plaisait beaucoup et inquiétait le clergé. Les « moralités », plus tardives, étaient allégoriques : *Everyman,* moralité du XVe siècle, montre comment le héros, appelé par la mort, est abandonné par ses amis, hormis Fellowship. Bunyan se placera dans cette tradition.

Au début du XVe siècle, des courants opposés se manifestent : idéalisme, veine populaire, conscience de l'identité nationale et influence du « continent », mais ils cohabitent facilement. La langue anglaise est maintenant établie, même si on écrit encore beaucoup en latin.

# CHRONOLOGIE : DU V^e^ SIÈCLE À 1485

| Événements politiques et religieux | | Littérature et philosophie | |
|---|---|---|---|
| **Ve siècle :** | invasion des Angles, Jutes et Saxons. | **670 :** | Caedmon. |
| **VIIIe siècle :** | invasion danoise. | **VIIIe siècle :** | *Beowulf.* |
| | | **735 :** | mort de Bede. |
| **871-899 :** | roi Alfred. - Saint Augustin en Angleterre. | **891 :** | début des chroniques anglo-saxonnes. |
| **1042-1046 :** | Edward le Confesseur. | | |
| **1066-1087 :** | Guillaume le Conquérant. - rois normands, féodalité. | | |
| **1095 :** | première croisade. | | |
| **1154 :** | rois Plantagenêts. | | |
| **1170 :** | Thomas Becket assassiné. | | |
| **1215 :** | la grande Charte. | | |
| | | **1340** (?) **:** | naissance de Chaucer. |
| **1346 :** | bataille de Crécy. | | |
| **1348 :** | la grande peste. | | |
| | | **1350 :** (environ) | *Pearl, Sir Gawain, Piers Ploughman.* |
| **1356 :** | bataille de Poitiers. | | |
| | | **1400 :** | mort de Chaucer et Langland. |
| | | **1437 :** | mort de Jacques 1er d'Ecosse. |
| **1485 :** | Richard III tué à Bosworth. - fin de la guerre des Deux Roses. - rois Tudors, Henri VII. | **1485 :** | Malory, *Morte d'Arthur,* premier livre imprimé en Angleterre par Caxton. |

2

# LES TUDORS ET LA RENAISSANCE, 1485-1603

## 1. LA POÉSIE

Cette période couvre la Renaissance et le début du classicisme. Héritière du passé britannique, elle est aussi influencée par l'Italie : Pétrarque et Dante, le Tasse et l'Arioste, les auteurs grecs et latins, en particulier Homère et la philosophie platonicienne, qui sont parfois connus à travers les auteurs italiens. Comme Chaucer, les poètes trouvent souvent une inspiration et des formes nouvelles dans les auteurs italiens et, de plus en plus fréquemment, français. Le mécénat de la Cour conditionne la production artistique et contribue à rapprocher les diverses formes d'expression : la musique, avec les madrigaux où le texte est mis en valeur — John Dowland, Orlando Gibbon et Thomas Campion, également poètes, sont les principaux compositeurs. Ils expriment le raffinement et la mélancolie de gentilshommes ressemblant à ceux que peignait le miniaturiste Nicolas Hilliard. Les architectes édifient de magnifiques demeures, comme Wollaton Hall ou Nonsuch Palace, qui servent de cadre à des soirées musicales, poétiques ou dramatiques. Une remarquable unité et une personnalité nationale se dégagent de la plupart des œuvres élisabéthaines et jacobéennes.

**Thomas Wyatt** (1503-1542) et le comte de **Surrey** (1517-1547) publièrent des sonnets, dont certains étaient des adaptations de Pétrarque, dans les *Mélanges Tottel* (1557). Surrey traduisit l'*Énéide* en vers blancs ; tous deux paraissent aujourd'hui plus importants par les thèmes et les formes qu'ils introduisirent que par leurs poèmes. Dans *Arcadia*, de **Sir Philip Sidney** (1590), sont incluses des chansons et des églogues où le poète expérimente la sextine, strophe de six vers, avec un tercet (*triplet*) pour conclure ; le thème est pastoral, on y voit des bergers et des nymphes amoureux, dans un paysage idéalisé. Dans *Astrophel and Stella*, Sidney chante « l'amoureux de l'étoile » et « l'étoile » (Pénélope Devereux) ; c'est un cycle de sonnets auxquels s'ajoutent onze chants ; l'amour pétrarquisant y est raillé avec légèreté ; les sentiments profonds s'expriment pudiquement, à travers les traits d'esprit (*wit*), les images et les symboles. Son *Apology for Poetry* s'oppose aux attitudes puritaines qui apparaissaient dans les milieux religieux. Voici le début d'un sonnet qui montre l'élégance du style :

Leave me, O love which reachest but to dust ;
And thou, my mind, aspire to higher things ;
Grow rich in that which never taketh rust,
Whatever fades but fading pleasure brings.

**Edmund Spenser** (1552 ?-1599) dédia le *Shepheardes Calender* (1579) à Sidney, qui l'avait encouragé ; cette œuvre est composée de douze églogues, une pour chaque saison ; elle est pastorale et comporte des archaïsmes volontaires, comme son poème épique, *The Faerie Queene* (1590-1596). Les six livres qui le composent (le dernier est inachevé) présentent plusieurs niveaux de sens : formation du gentilhomme (*The Red Cross Knight*) aux vertus de sainteté, tempérance, chasteté, amitié, justice et courtoisie ; implications politiques et religieuses (la gloire de la reine Gloriana ; la défense du protestantisme contre la femme « écarlate », d'obédience romaine) à travers des allégories d'inspiration médiévale : une quête chevaleresque qui n'exclut pas une sensualité bien de son époque. La langue mais aussi certains éléments de la prosodie sont anciens (allitération et jeux de sonorités). La strophe inventée pour ce poème — huit décasyllabes iambiques, terminés par un alexandrin — confère une beauté et une majesté étranges à l'ensemble. Voici un passage du combat entre le chevalier et le dragon :

By this the dreadfull Beast drew nigh to hand,
Halfe flying, and halfe footing in his hast,
That with his largenesse measured much land,
And made wide shadow under his huge wast ;
As mountaine doth the valley overcast

Approching nigh, he reared high afore
His body monstrous, horrible, and vast,
Which to increase his wondrous greatness more,
Was swolne with wrath, and poyson, and with bloody gore.

Livre I, chant XI

Ainsi l'horrible bête s'approcha
Mi-volant, mi-marchant dans sa hâte
Couvrant beaucoup de terrain par sa taille
Et faisant une ombre considérable par sa masse énorme ;
Comme la montagne obscurcit la vallée
S'approchant tout près il cabra très haut
Son corps monstrueux, horrible et vaste
Qui pour accroître encore sa taille surprenante
Se gonflait de colère, de poison et de sang vermeil.

Livre I, chant XI

Spenser écrivit encore des poèmes en l'honneur d'Elizabeth Boyle, qui devint sa femme : *Amoretti,* un cycle de sonnets, et deux chants de mariage : *Epithalamion* et *Prothalamion.* Les sentiments sont sincères, le style aisé, mais les maniérismes italianisants, très à la mode alors, y sont critiqués. C'est aussi ce que fait **Shakespeare**, dans le célèbre sonnet 130, « My mitress' eyes are nothing like the sun ». Les 154 sonnets du maître de Stratford (ed. 1609) comportent bien les éléments caractéristiques des poèmes élisabéthains : grâce, joliesse, traits d'esprit, métaphores filées, mais la passion, la souffrance qui s'y expriment, témoignent d'une expérience authentique et profondément émouvante ; le mystère qui entoure toujours ces sonnets ne diminue en rien leur force et leur attrait ; certains thèmes qui y figurent se trouvent aussi dans les pièces : cruauté du destin, ingratitude des hommes, désir charnel, métaphores de la mer, du théâtre, des pierres précieuses. Ce réseau de métaphores constitue la palette originale du poète, son climat car, bien qu'employées par d'autres, elles le sont ici d'une manière toute personnelle.

**Le sonnet**

Il se compose de 14 vers avec rimes ; une variété plus rare comporte 16 vers.
1. *Le sonnet italien* : il naquit en Sicile entre 1230 et 1240, avec Giacomo da Latino. S'y sont illustrés, entre autres, Cavalcanti, Dante, Pétrarque.
Deux quatrains, ou octave, rimant abba, abba : répétition musicale, tournant, surprise ou tension.
Deux tercets, ou sextet : cde, cde ; déséquilibre des deux parties (observation ou conclusion) ; démonstration en forme de syllogisme.
2. *Le sonnet anglais* : surtout Sidney, Spenser, Shakespeare et certains romantiques le pratiquèrent.
Une strophe de huit vers (*stave*) : abab bcbc, cdcd ; un quatrain, un distique final : ee ; situation, dialogue ou discussion et conclusion qui comporte souvent un « conceit ».
Les rimes plates, entre les quatrains : bb, cc, créent une unité ; l'agencement des rimes ajoute à la musicalité, à la beauté lyrique, permet de varier les effets.

**Le conceit**

Venus des épigrammes latins de Giambattista Marino et des poètes jésuites du XVIe siècle, les « concetti » sont des traits d'esprit surprenants, des paradoxes :

« *For sweetest things turn sourest by their deeds ;*
*Lilies that fester smell far worse than weeds.* »

Shakespeare, sonnet 94.

**Ben Jonson** écrivit des épîtres, à la manière d'Horace, des élégies, des chansons, des épigrammes, des « masques » (livrets pour des spectacles chantés et dansés, le plus souvent à la Cour). Il fut poète lauréat, et les jeunes poètes de l'entourage de Charles Ier s'appelaient volontiers « sons of Ben » ; Dryden dut beaucoup à ses recherches stylistiques.

Une pléiade de poètes gravitait autour de la Cour et des universités. Ils chantaient l'amour et la mélancolie, écrivaient des poèmes historiques, des pièces de théâtre : leur talent était multiple. Drayton pouvait écrire de charmants sonnets comme celui qui commence ainsi : « Since there's no help, come let us kiss and part » extrait de *The Barons Wars* (1603), et *Polyolbion* où il exprima en des milliers de vers son amour pour l'Angleterre. Daniel (1562-1619) écrivit des sonnets à Delia, mais aussi *Civil Wars between Lancaster and York* (1595) et des épîtres ; Thomas Campion composa, pour Lesbia, en souvenir du poète latin Catulle, pour Corinna et Laura, des chansons qu'il mit en musique (1601), mais aussi *Observations in the Art of English Poesy*, ouvrage théorique où il défend la poésie quantitative, la scansion latine adaptée à l'anglais. La plupart des vers écrits par Thomas Nashe sont inclus dans des pièces comme *A pleasant Comedy Called Summer's Last Will and Testament* (1600). « Farewell, false love » (1588) fut mis en musique par William Byrd. Raleigh écrivit aussi des poèmes polémiques, comme « The Lie ». « Cynthia », à la gloire de la reine, est aujourd'hui perdu.

Ces poèmes ont charme et fraîcheur et leurs auteurs étaient des humanistes, qui s'essayaient dans plusieurs genres ; ils étaient plus soucieux de la perfection formelle que de la paternité de leurs œuvres : beaucoup sont restés anonymes.

## 2. La prose

Elle est marquée, au début du XVIe siècle, par l'humanisme, l'influence des classiques, surtout latins, de la philosophie platonicienne, ainsi que des échanges avec l'Italie et les Flandres. La langue vulgaire gagne peu à peu sur le latin ; l'introduction de l'imprimerie par William Caxton (*Morte d'Arthur*, de Malory, imprimé en 1485), le développement de l'éducation pour une élite donne aux œuvres un plus grand rayonnement et répandent l'idéal de l'homme nouveau. Le règne d'Henri VII marque le début de changements politiques, sociaux et économiques qui feront passer l'Angleterre de l'époque féodale au monde moderne. Avec Henri VIII et la rupture avec Rome, un nouveau pas est franchi : l'Angleterre s'affirme comme un Etat indépendant, centralisé, de plus en plus tourné vers la mer et éloigné du reste de l'Europe par le schisme.

### 2.1 Thomas More 1477-1535

Ami d'Erasme, il vécut cette période de transition et mourut pour sa fidélité au catholicisme. *Utopia* (1516), écrit en latin et traduit en 1551, imprégné du doute socratique et de la sagesse raisonnable de Platon, est composé de deux livres : l'un se situe à Bruges et en Angleterre, l'autre relate les voyages du Portugais Raphaël Hythlodaeus dans les Indes occidentales et orientales et en particulier dans une île inconnue, Utopia, où les hommes sont sages et tolérants. Etude complexe de la nature humaine, ce livre révèle, sous l'habillage gréco-latin, un humour et un art du récit bien anglais.

## 2.2 Les sermons

Ceux de Cranmer et Latimer surtout témoignent des progrès de la prose anglaise qui devient claire et vigoureuse. Les traductions de la Bible par Tyndale et Coverdale (1525-1535) préparent la magnifique *Authorized Version* de 1611 et influencent le style des prosateurs jusqu'à la fin du siècle. **Richard Hooker** (1554-1600) expose, dans une prose superbe, la controverse entre ceux qui pensent que l'autorité de la Bible est suffisante et ceux qui soutiennent qu'il faut y ajouter les lois de la nature que la raison peut découvrir. John Donne publie des sermons et un livre de prières en 1624, *Devotions upon Emergent Occasions*.

## 2.3 La pastorale

Une autre veine se développe en même temps à la Cour : celle de la pastorale et du roman de chevalerie. John Lily s'inspire de *Il Cortegiano* de Balthazar Castiglione (1528, traduit par Sir Thomas Hoby, 1561) pour ses longs romans : *Euphues* (1578) et *Euphues and his England* (1580). Ils sont remarquables par l'absence d'intrigue, le style élaboré et précieux. Ces œuvres, dédiées aux dames, eurent auprès d'elles un succès durable et lancèrent une mode : « l'euphuisme ». *The Countess of Pembroke's Arcadia* fut écrit par Sir Philip Sidney, pour amuser les hôtes du château de Wilton (1579, publ. 1590) ; c'est une pastorale où la préciosité est mitigée de réflexions plus sérieuses qui annoncent la vogue des essais.

## 2.4 Le réalisme populaire

Il continue à inspirer des auteurs : Thomas Deloney (1543-1600), artisan lui-même, écrivit des vies d'artisan ; *James of Newbury* est l'une d'elles. Thomas Nash, connu pour ses pamphlets, composa un récit de voyages, *Jack Wilton*, où le jeune héros connaît de multiples aventures dans les armées d'Henry VIII. Ces œuvres présentent des thèmes ou des éléments stylistiques qui seront développés par les grands romanciers du XVIIIe siècle.

## 2.5 Francis Bacon

Les *Essais* de Montaigne furent traduits par Florio en 1603 et eurent un très grand succès ; ce genre fut surtout illustré par Francis Bacon qui publia à son tour des *Essays* en 1597, 1612 et 1625. Les sujets sont moins personnels ; il y encourage l'expérimentation scientifique, la réflexion sur le pouvoir, la conduite dans la vie. Le style est concis, les phrases sont magnifiquement rythmées, comme celle-ci :

> Some books are to be tasted, others to be swallowed, and some few to be chewed and digested ; that is : some books are to be read only in parts ; others to be read but not curiously, and some few to be read wholly, and with diligence and attention. (« Of Studies », 1597)

Bacon écrivit aussi *The History of Henri VII* et *The New Atlantis*, journal imaginaire d'un voyage dans le Pacifique ; enfin, *The Progress of Knowledge*, son ouvrage scientifique inachevé. Ces pages prouvent la maîtrise et la clarté de la langue anglaise, écrite par un auteur qui utilisait encore souvent le latin (*Novum Organum*, 1620) et doutait des possibilités de l'anglais.

Sir Walter Raleigh écrivit dans une prose majestueuse son *History of the World* (1614) ; Robert Burton, érudit excentrique et homme du monde, analysa une des tendances majeures du courtisan élisabéthain dans *Anatomy of Melancholy* (1621). Tous jouent avec la langue, sont des stylistes conscients.

# 3. LE THÉÂTRE

Au début du XVIe siècle, la tradition des « mystères » demeure populaire et ne cessera qu'avec Cromwell. Les « moralités » se sécularisent, sous l'influence de l'humanisme ; le succès de *Everyman* se prolonge jusqu'à la fin du siècle ; ces pièces demeurent allégoriques, mais certains épisodes sont très réalistes ou franchement comiques. Un nouveau spectacle, un divertissement, apparaît avec *The Play of the Wether*, de John Heywood (publié en 1533). Le mélange des genres est donc déjà une habitude du théâtre anglais. A la tradition domestique s'ajoute celle des classiques : Plaute et Térence pour la comédie, Sénèque pour la tragédie ; leurs pièces sont traduites et même jouées.

*Gammer Gurton's Needle* (environ 1550) peut être considérée comme la première comédie anglaise : le théâtre latin fournit la structure, le thème est rural, les personnages vivants. Ce mélange de traditions est plus clair encore dans *Ralph Doister Doister* de Nicholas Udall (1553). La tragédie domestique *Arden of Feversham*, d'un auteur anonyme, tire son sujet des chroniques d'Holinshed (2e édition en 1577), comme le feront de nombreux auteurs, dont Shakespeare. *Gorboduc*, de Thomas Norton et Thomas Sackville, traite un thème anglais en vers blancs : toutes les formes et la plupart des thèmes du théâtre élisabéthain sont déjà présents, mais d'une manière tâtonnante et fruste.

## 3.1 Les théâtres, les compagnies

On demandait des spectacles privés pour de grandes occasions, des mariages le plus souvent. Il existait également des représentations publiques, pendant les foires, dans des cours d'auberges, dans des granges ou des grandes salles de manoirs. La structure des premiers théâtres construits spécifiquement pour y jouer des pièces sera conditionnée par ces premiers lieux scéniques ; ce furent *The Theatre* (1576), de John Burbage, père de Richard, l'associé de Shakespeare, le *Globe*, en 1598, où furent jouées de nombreuses pièces de Shakespeare et que Fletcher reprit à la mort de ce dernier, *Blackfriars*, en 1608. Les auditoires étaient composites, les textes n'étant pas considérés comme littéraires étaient modifiés par des improvisations, au gré des acteurs, ou simplement consignés sur des cahiers de souffleurs (*prompt-books*) ; il n'y avait pas de décors : les costumes magnifiques, la musique et les descriptions souvent poétiques y suppléaient. Les rôles de femme étaient tenus par des garçons.

Il existait plusieurs compagnies d'enfants : *The Children of the Chapel Royal, The Children of Paul's*, par exemple, et des troupes entretenues par de nobles mécènes, comme *The Earl of Leicester's Players*. La première patente royale date de 1574. Shakespeare, William Kempe et Richard Burbage font partie de la compagnie du Lord Chamberlain en 1594 ; cette troupe deviendra les comédiens du Roi (*The King's Men*) en 1603, sous Jacques Ier. Les souverains encouragèrent le théâtre professionnel, mais la situation des comédiens resta précaire : la censure fut établie sous Elizabeth, car le milieu des affaires de Londres leur était hostile ; leurs revenus étaient irréguliers (la peste de 1592 fit fermer les théâtres). Malgré tout cela la période élisabéthaine et jacobéenne est restée célèbre pour la splendeur de son théâtre.

## 3.2 Les dramaturges autour de Shakespeare

Parmi ceux-ci, on peut distinguer trois groupes successifs : les prédécesseurs immédiats de Shakespeare, autour de Greene, Kyd et Marlowe, tous disparus en 1590 ; Shakespeare au tournant du siècle, puis ses successeurs immédiats, Fletcher et Webster entre autres.

Les *University Wits* font partie des premiers. John Lily (*Campaspe*, 1584, *Endymion*, 1588) écrivit des comédies en prose, jouées devant la Cour par des troupes d'enfants ; la mythologie, la magie, l'histoire, les traits d'esprit et le panégyrique de la reine s'y mêlent. Robert Greene (*Friar Bacon and Friar Bungay*, 1589, *James IV*, 1591) et Georges Peele font partie de ce groupe aux talents divers, qui écrivaient aussi des poèmes et des essais : leur théâtre est cultivé et « littéraire ».

Thomas Dekker, avec *The Shoemaker's Holiday* (1600) et John Marston, auteur de *The Malcontent* (1604) ont produit des *citizens' comedies*, qui mettent en scène les classes moyennes ou les marchands. Certains auteurs tragiques se sont spécialisés dans le thème de la vengeance et de la cruauté : Thomas Kyd (1557 ?-1595 ?) atteint les sommets de l'horreur avec *The Spanish Tragedy*, en 1592, et parvient à structurer sa pièce autour d'une intrigue fermement nouée, inspirée de Sénèque ; il utilise le vers blanc avec habileté. Il fit école : **John Webster** (1580-1625) est resté célèbre surtout pour deux pièces situées dans l'Italie de la Renaissance : *The White devil* (1611) et *The Duchess of Malfi* (1612) : on y voit un monde impitoyable, mais non sans grandeur. *The Revenger's Tragedy* et *The Atheist's Tragedy*, de Cyril Tourneur (1575-1626) dépeignent la corruption et le vice. John Ford (1586-1639) représente le mal à l'œuvre dans le monde avec *'Tis pity She's a Whore* et *The Broken Heart*, mais il s'y mêle de la tendresse et du pathétique. Ces pièces à l'intensité macabre jouissent d'un regain de faveur aujourd'hui et sont de nouveau jouées.

Héritier du Moyen Âge et contemporain des tragédies de la violence, **Christopher Marlowe** (1564-1593) n'en appartient pas moins à la Renaissance, par son idée de l'homme qui défie le destin et prend tous les risques pour jouir des biens de ce monde. Dans sa courte vie, il écrivit quatre tragédies : *Tamburlaine*, en deux parties, pièce fastueuse, extravagante et cruelle, où il développe une idée du pouvoir qui défie celui des dieux : « The secret fruition of an earthly crown » ; *Doctor Faustus*, où l'homme, libre de ses choix, affronte l'univers et l'éternité :

> ...Let Faustus live in Hell a thousand years,
> a hundred thousand, and at last be sav'd !

Au moment de ce monologue, il est onze heures trente ; Faust sera damné à minuit. Notre sympathie va moins facilement à Barabas, le personnage central de *The Jew of Malta*, qui se venge horriblement des chrétiens qui l'ont maltraité ; *Edward II*, inspiré des chroniques historiques, est structuré autour du roi et des problèmes politiques. D'un point de vue purement dramatique et malgré leurs inégalités, les pièces de Marlowe marquent d'énormes progrès dans l'étude des caractères et la construction des intrigues. Mais la beauté du vers blanc, qui sert également la rhétorique et la poésie, hante longtemps le spectateur.

## 3.3 William Shakespeare (1564-1616)

Le plus grand de tous, Shakespeare, arriva probablement à Londres en 1584. Il apprit à créer des spectacles en étant acteur et sut incorporer à ses pièces son expérience de la vie et une culture étonnante ; il se servit aussi de tout le travail fait au théâtre jusqu'alors. Les thèmes, techniques et genres divers se trouvent transmués par la magie de sa poésie en un style semblable à nul autre et que tous, de la Cour au public populaire, pouvaient apprécier. De son théâtre jaillit une vision du monde où les hommes, responsables de leurs choix, sont jugés d'après leur loyauté, que ce soit envers le roi ou l'être aimé. La Providence règne, sans peser sur les destinées, ni empêcher l'irruption de la magie ou d'êtres féériques qui collaborent à la réalisation de la « justice poétique ».

Les trente-six pièces de cet énorme corpus sont généralement classées en pièces historiques, tragédies et comédies.

• **Dans une première période** (1590-1600), on trouve des pièces historiques, dont le sujet provient des *Chroniques* d'Holinshed (1577) ou de pièces plus anciennes. Il y est question de problèmes dynastiques et de querelles politiques pendant la guerre des Deux Roses. Elles ne furent pas produites dans l'ordre chronologique : dans une première tétralogie figurent *Henry VI*, en trois parties, *Richard III*, puis vint *King John* ; dans une deuxième tétralogie se trouvent *Richard II*, *Henry IV*, première et deuxième parties, et *Henry V*. Dans *Richard II* et *Richard III* interviennent des éléments psychologiques et une réflexion sur le pouvoir. A cette période appartiennent deux tragédies : *Titus Andronicus*, dans la tradition des pièces de la vengeance, et *Romeo and Juliet*, pièce romantique et cruelle qui parle d'amour pur et de mort.

De nombreuses comédies furent aussi produites en cette période : *The Comedy of Errors*, inspirée par *Les Ménechmes*, de Plaute ; *The Taming of the Shrew* et *Two Gentlemen of Verona* dont les sujets sont italiens ; *Love's Labours Lost*, dont la préciosité rappelle Lily ; *A Midsummer Night's Dream*, féérie avec masques et musiques, où se superposent romance, fantastique et farce ; *The Merchant of Venice*, où la cruauté, la rhétorique judiciaire et les accents pathétiques assombrissent l'action, comme dans la tirade de Shylock, III,1 :

> Hath not a Jew eyes ? hath not a Jew hands, organs, dimensions, senses, passions ? fed with the same food, hurt with the same weapons, subject to the same diseases, healed by the same means warmed and cooled by the same winter and summer as a Christian is ?

*Much Ado about Nothing, As you like it* et *Twelfth Night*, sont des comédies romantiques, teintées de douce mélancolie, dont la grâce sur fond de forêt d'Arden, n'empêche pas une technique sûre et des personnages bien campés : Benedick et Beatrice, Malvolio, Jacques ; les actions sont rapides, les bons mots fusent. Toutes ces comédies restent de grandes favorites du public.

• **La deuxième période**, de 1600 à 1608, est souvent dite « sombre » : elle débute par une période de transition, avec *The Merry Wives of Windsor*, populaire et satirique, *All's Well that Ends Well*, encore romantique, mais *Measure for Measure* (1604) est plus complexe et exprime une vision plus sombre : Isabelle, qui doit sacrifier sa vertu pour sauver son frère, rappelle les tragédies de la vengeance. Cette période comporte aussi des pièces « romaines » : *Julius Caesar* (1600) où Brutus perd ses illusions, *Antony and Cleopatra*, superbe pièce sur l'amour-passion, *Coriolanus*, tragédie de l'ambition, enfin *Troilus and Cressida* où un anti-héros, Troilus, perd ses illusions, comme Brutus et plus tard Timon.

Quatre grandes tragédies s'échelonnent entre 1601 et 1606 : *Hamlet, Othello, King Lear* et *Mac Beth*. Ces pièces sont complexes, riches, profondes et violentes ; la langue y est d'une très grande beauté :

> Mac Beth : Will all great Neptune's ocean wash this blood clean from my hand ? No, this my hand will rather the multitudinous seas incarnadine, making the green ones red !

• **La troisième période** (1608-1616) : *Timon of Athens* et *Pericles*, toutes deux de 1608, nous amènent à une période plus sereine avec les dernières comédies : *Cymbeline* (1609), *A Winter's Tale* (1611) et *The Tempest* (1611 également). Ces pièces sont romanesques, mais comportent des éléments de farce d'où le réalisme n'est pas absent, une profondeur dans l'étude du cœur humain et des rapports entre les êtres. La justice poétique remet de l'ordre dans le monde bouleversé par les hommes. Prospero renonce à la magie à la fin de *La Tempête* et conseille :

Let us not burden our remembrance with
A heaviness that's gone. (V, 1, 200-201)

On pense généralement que *Henry VIII*, la dernière pièce, fut écrite en collaboration avec Fletcher.

Cette classification des pièces et l'ordre chronologique qui leur est attribué ont le mérite de la clarté mais simplifient outre mesure et font l'objet de nombreuses critiques. Cependant, les incertitudes qui demeurent quant à la biographie de Shakespeare et à l'authenticité de certains passages, ne permettent pas d'imposer un ordre indiscutable. L'essentiel est de pouvoir aborder cette œuvre plus aisément. De longues citations ne suffiraient pas non plus à en rendre compte.

La beauté et la complexité du style doivent aussi être appréciés à la représentation : diction, déplacements, musique et chansons servent le texte, car le théâtre est davantage que de la littérature : les interprétations, la qualité des publics, les conditions matérielles de production doivent aussi être prises en compte. L'œuvre de Shakespeare est universelle, lue ou représentée, traduite, adaptée, filmée. Elle fait participer, par sa poésie et sa puissance, au vécu, aux passions, aux joies et aux souffrances de son époque et de tous les temps ; elle présente une interprétation du monde.

## 3.4 Après Shakespeare

Contemporain et très différent de Shakespeare, **Ben Jonson** se voulait respectueux des règles du théâtre ancien, en particulier des « unités » :

The laws of time, place, persons he observeth,
From no needful rule he swerveth ;

dit-il de lui-même dans une préface. Il explique d'autre part sa théorie des « humeurs » : un trait de caractère domine et le personnage est totalement gouverné par lui. Ces personnages n'évoluent pas mais permettent de souligner les folies humaines ; ils dénoncent surtout la corruption entraînée par l'argent. Quatre pièces remarquables, après *Everyman in his Humour* (1598) et *Everyman out of his Humour* (1599) ont assuré un succès auquel la gloire de Shakespeare a porté ombrage : *Volpone* (1605) où l'avarice du héros éponyme atteint des proportions épiques ; *Epicene or the Silent Woman* (1609) ; *The Alchemist* (1610) où trois vauriens se jouent gaiement des appétits de leurs victimes ; *Bartholomew Fair* (1614) qui met en scène la pègre, pendant la célèbre foire. Jonson écrivit aussi des tragédies qui semblent laborieuses et des « masques » superbes ; la reine et ses suivantes participèrent à l'un d'eux, mais c'est surtout à travers ses comédies que s'exerça son influence.

**George Chapman**, le traducteur d'Homère, se distingua par trois tragédies inspirées par l'histoire de France : *Bussy d'Ambois* (1607) puis *The Revenge of Bussy d'Ambois* et *The Tragedy of Biron*, plus philosophiques que vraiment dramatiques. **John Fletcher** et **Francis Beaumont** écrivirent en collaboration des pièces bien faites, mais artificielles et pleines d'outrances : *The Maid's Tragedy* (1619) est l'une d'elles ; *Philaster* est une tragi-comédie.

# CHRONOLOGIE : DE 1485 A 1603

| Événements politiques et religieux | | Littérature et philosophie | |
|---|---|---|---|
| **1492 :** | Christophe Colomb découvre l'Amérique. | | |
| **1509 :** | Henri VIII. | | |
| | | **1516 :** | Thomas More, *Utopia* (en latin). |
| **1534 :** | loi de Suprématie, rupture avec Rome. | | |
| | | **1552 :** | naissance de Spenser. |
| **1553 :** | Marie Tudor. | **1553 :** | mort de Rabelais. |
| | | **1557 :** | poèmes de Wyatt et Surrey, dans *Tottel's Miscellany*. |
| **1558 :** | avènement d'Elizabeth. | | |
| **1559 :** | loi d'uniformité.<br>- définition de l'Eglise anglicane. | | |
| **1560 :** | l'Ecosse devient presbytérienne.<br>- John Knox. | | |
| | | **1564 :** | naissance de Shakespeare et Marlowe. |
| | | **1577 :** | chronique de Holinshed. |
| | | **1578 :** | John Lily, *Euphues*. |
| **1580 :** | Drake revient de son voyage autour du monde. | | |
| | | **1586 :** | mort de Sidney. |
| **1588 :** | défaite de l'Armada espagnole. | **1588-1592 :** | premières pièces de Shakespeare. |
| | | **1590 :** | Marlowe, *Tamburlaine*.<br>- Sidney, *Arcadia*.<br>- Spenser, *The Faerie Queene* (début). |
| | | **1594-1600 :** | comédies de Shakespeare, *Romeo and Juliet, Julius Caesar*. |
| | | **1595 :** | Spenser, *Amoretti*. |
| | | **1599 :** | mort de Spenser. |
| | | **1601-1608 :** | pièces de Shakespeare, dont les grandes tragédies. |
| **1603 :** | Jacques VI d'Ecosse devient Jacques 1er d'Angleterre. | **1603 :** | Florio traduit les *Essais* de Montaigne. |

3

# LE XVII$^{e}$ SIÈCLE, 1603-1714

## 1. La poésie

Au début du XVII$^{e}$ siècle se développe une nouvelle tendance : sous Jacques I$^{er}$ et Charles I$^{er}$, les poètes sont toujours courtisans, mais ils sont davantage animés par la ferveur religieuse.

### 1.1 Poètes métaphysiques et « cavaliers »

**John Donne** (1572-1631) écrivit à la fois des poèmes profanes, où il chante l'amour charnel et la mort dans des chansons, sonnets et élégies où s'expriment les souffrances et les joies de la vie spirituelle. De « Second Anniversary », méditation sur la mort d'une jeune fille, à l'incantatoire « Go and Catch a Falling Star » ou au poignant sonnet 14 des *Sonnets sacrés* : « Batter my heart, three-personed God » (1633), ses poèmes expriment une vie physique, intellectuelle et spirituelle intense. La forme est très libre et surtout remarquable par les métaphores hardies, les injonctions brutales et les traits d'esprit (conceits).

D'autres poètes furent influencés par Donne, à des degrés divers. On les appela les « poètes métaphysiques » : Dryden, puis Samuel Johnson inventèrent ce nom car ils trouvaient leurs vers rugueux et leur esprit trop compliqué. George Herbert (1593-1633) est l'un d'entre eux ; son sonnet « Redemption » offre un exemple de métaphore filée : Dieu y est un riche propriétaire et le poète un locataire mécontent. Herbert écrivit aussi des poèmes dont la typographie reproduisait une aile ou un autel. **Henry Vaughan** (1621-1695) publia *Silex Scintillans* en 1650, suivi de *Olor Iscanus* (le cygne d'Usk, au Pays de Galles). La théorie de la correspondance mystique y suscite les images :

I saw eternity the other night
Like a great ring of pure and endless light (from « The World »)

**Richard Crashaw** (1613 ?-1649) utilisa les emblèmes, comme le titre *The Flaming Heart* l'indique, au-delà des limites acceptables. Inspiré du mysticisme de sainte Thérèse d'Avila, il s'exprime avec une violence passionnée, sans trop se soucier de perfection formelle. Les vers d'**Andrew Marvell** cachent, sous une forme gracieuse et brillante, un propos sérieux. Il fut secrétaire de Milton et écrivit la plupart de ses poèmes entre 1550 et 1560. Il traita ses thèmes favoris, l'amour, la mort, avec une ironie légère, toute personnelle, comme le montre « To his Coy Mistress », dont voici le début :

Had we but world enough and time,
This coyness, lady, were no crime.
We would sit down, and think which way
To walk and pass our long love's day.

**Thomas Carew** (1595-1640) écrivit une élégie sur la mort de John Donne. On le classe parmi les poètes « cavaliers », partisans du roi et anti-puritains, voire libertins. **Sir John Suckling** et **Richard Lovelace** écrivirent dans la même veine. **Robert Herrick**, Londonien et admirateur de Ben Jonson, passa l'essentiel de sa vie dans un village du Devon ; il publia en 1648 un épais recueil de poèmes profanes où il chante les fleurs, les sources, le cristal et Corinna :

Gather ye rosebuds while ye may,
Old time is still a-flying...

## 1.2 John Milton (1608-1674)

La période troublée qui a vu l'exécution d'un roi, le Commonwealth de Cromwell et la Restauration est dominée par **John Milton** ; protestant convaincu et profondément cultivé, son inspiration est grave, même dans les œuvres de jeunesse. Dans *L'Allegro* et *Il Penseroso* se mêlent la philosophie antique et l'esprit religieux ; dans *Comus*, divertissement (*mask*) écrit pour une fête, la longue phrase et la noblesse des vers annoncent déjà le style des œuvres épiques ; *Lycidas* obéit aux conventions de la pastorale élégiaque : la vie et la mort du berger posent la question du sens de la vie ; les références antiques, les allégories et les apostrophes abondent, mais elles expriment, dans des vers amples, à la prosodie souple, la sensibilité et la foi du poète.

Milton est surtout connu comme l'auteur des grandes épopées bibliques : *Paradise Lost*, publié en 1667, et *Paradise Regained* (1671), écrites après une longue période de collaboration avec le régime de Cromwell (1640-1660). Pendant ses années d'activité politique, Milton forma le projet d'écrire, à la manière d'Homère et de Virgile, un poème qui expliquerait la création : « to justify the ways of God to Man ». Vaste combat du mal contre le bien, le paradis est d'abord perdu par Lucifer, après une immense bataille entre les anges rebelles et infidèles ; puis l'archange déchu entraîne Adam et Ève et, par voie de conséquence, toute la création, dans sa chute. Si la fierté de Satan séduit par son allure romantique, sa rhétorique est spécieuse : il est vraiment le Malin.

> Infernal world, and thou, profoundest Hell
> Receive thy new possessor : one who brings
> A mind not to be changed by Place or Time.
> The mind is its own place, and in itself
> Can make a Heav'n of Hell, a Hell of Heav'n.

L'amour de Dieu, la tendresse d'Adam pour Ève et la venue du Christ assureront le salut, dans le deuxième poème inachevé. La structure antithétique des douze livres du *Paradis perdu* crée de grands équilibres et se retrouve jusque dans les détails. Cette œuvre, dont le sujet est le plus grand qu'on puisse imaginer, est écrite en vers blancs aux sonorités étudiées, au rythme varié grâce aux enjambements, césures et chiasmes. La richesse des métaphores, la multitude des références bibliques, classiques ou contemporaines rendent ces textes splendides, mais d'une lecture ardue ; cela explique peut-être la défaveur dans laquelle ils furent souvent tenus. Le peintre et poète Blake exécuta cependant pour eux de superbes illustrations. La carrière de Milton s'acheva avec le poème dramatique *Samson Agonistes* (1671). La cécité de Samson, qui s'identifie avec celle du poète, y est poignante :

O first-created beam, and thou great World,
« Let there be light, and light was over all »,
Why am I thus bereaved thy prime decree ? (vers 83-85)

Toutes les œuvres de Milton décrivent le combat contre la tentation. Certaines attitudes (la présentation du ciel, le rigorisme moral, l'antiféminisme) peuvent paraître démodées, l'intertextualité rendre les vers parfois hermétiques, mais la beauté est indéniable.

## 1.3 Le néo-classicisme

Après les recherches compliquées des poètes métaphysiques et la majesté érudite de Milton, des écrivains trouvèrent une troisième voie : la recherche de la clarté et de la simplicité qui conduisit à privilégier le distique héroïque (*heroic couplet*) : cette forme correspondait évidemment à un message différent. **Edmund Waller** (1606-1687) et **John Denham** lancèrent ce mouvement, dont le plus brillant participant fut **John Dryden** (1631-1700).

Dryden rendit hommage à Waller et perfectionna sa prosodie. Il se fit le chroniqueur des événements sociaux, politiques et religieux de son temps (dans *Annus Mirabilis*, il décrit l'incendie de Londres). Il fut poète lauréat et historiographe de Charles II. L'individu s'efface, dans ses œuvres, devant les grands problèmes de son temps et porte souvent, comme Butler, le masque du satiriste ; cela n'empêche pas les attaques personnelles (contre Thomas Shadwell, dans *Mac Flecknoe*). Dans *Absalom and Architophel* (1681), il décrit les intrigues entourant la succession, il dénonce l'ambitieux Duc de Shaftesbury/Architophel :

Of these the false Architophel was first ;
A name to all succeeding ages cursed
For close designs and crooked counsels fit.

*Religio Laici* est une œuvre de spéculation religieuse, comme *The Hind and the Panther*, mais elle est ici habillée d'une fable animalière. Dryden traduisit aussi Virgile, Juvénal et Ovide. Très habile versificateur et brillant critique littéraire, Dryden est le premier grand néo-classique.

Des poètes de cour, à la même époque, écrivaient des vers légers et charmants ; parmi eux **Charles Sedley** et le **Duc de Rochester** sont les plus connus.

## 2. La prose

Le Commonwealth de Cromwell donna un coup d'arrêt à la littérature profane, mais le niveau d'excellence atteint par la prose fut illustré par de très grands auteurs du puritanisme tels que Milton et Bunyan, ainsi que par Sir Thomas Browne.

**John Milton** publia des traités anti-épiscopaliens, puis des écrits en faveur du divorce et, pendant le régime de Cromwell, des discours en latin pour soutenir ce gouvernement et l'exécution de Charles I$^{er}$ auprès des puissances étrangères ; il écrivit également sur la doctrine chrétienne, l'éducation et *Areopagitica* (1644), en faveur de la liberté d'imprimer et contre la censure. Bien que cette prose soit compliquée et souvent violente, elle est le plus souvent claire et belle :

> Truth is compared in Scripture to a streaming fountain ; if her waters flow not in a perpetual progression, they sicken into a muddy pool of conformity and tradition.
>
> *Areopagitica*

### 2.1 Les auteurs religieux

John Bunyan (1628-88), qui fut soldat de Cromwell, prédicateur et prisonnier sous la Restauration, exprima sa quête mystique dans *Grace Abounding* (1666), puis la lutte de l'homme contre le mal et pour sauver son âme, dans *The Pilgrim's Progress* (part I, 1678, part II, 1684).

Dans ce livre allégorique et présenté comme un songe, Christian part pour la Cité céleste ; dans la deuxième partie, sa femme et ses enfants font de même. Dans leur voyage, ils rencontrent aide et obstacle. Le texte est soutenu par de nombreuses références bibliques :

> Then I saw in my dream, that when they were got out of the wilderness, they presently saw a town before them, and the name of that town is Vanity ; and at the town there is a Fair kept, called Vanity Fair ; it is kept all the year long ; it beareth the name of Vanity Fair, because the town where it is kept is lighter than vanity ; and also because all that is there sold, or that cometh thither, is vanity. As the saying of the wise : « All that cometh is vanity. »
>
> (Ecclesiastes, I, 2, 14 ; II, 11, 17, XI, 8 ; Isaiah XI, 17)

Bunyan était de milieu populaire, et sa culture se limitait à la Bible, mais la profondeur de son expérience religieuse et humaine, son talent de conteur, la vivacité de son style où se succèdent narrations, dialogues et réflexion font de cette œuvre un des monuments de la littérature anglaise, en dépit de son caractère archaïque. *The Life and Death of M. Badman* (1680) et *Holy War* sont moins connus mais d'une égale valeur.

Bien qu'ayant vécu les mêmes événements, **Sir Thomas Browne** ne semble pas en avoir été affecté : médecin et homme de science, ses écrits sont des méditations sur la mort : *Hydriotaphia, or Urn Burial* (1658) et sur la religion : *Religio Medici* (1641). Il s'exprime en superbes périodes influencées par le latin. Son contemporain **Jeremy Taylor** fait de même dans des sermons passionnés.

## 2.2 Les auteurs analystes

**Izaak Walton** ne semble pas non plus s'inquiéter de cette période troublée : *The Compleat Angler*, son *Guide complet du pêcheur*, (1653) fait l'éloge de la pêche à la ligne et de la campagne anglaise.

Au milieu du siècle et surtout après la Restauration de 1660, l'influence de la littérature française se fait sentir : une prose plus simple, convenant à la fois aux conversations de salon (*Le Grand Cyrus* de mademoiselle de Scudéry fut traduit en 1653) et aux travaux scientifiques et philosophiques, se généralise.

Les journaux intimes se firent nombreux : *The Diary of Samuel Pepys*, commencé en 1660 et *The Diary of John Evelyn* sont les plus connus. Les auteurs y décrivent leur vie et celle de leur entourage, les affaires politiques et les événements de leur temps. Ce ton personnel et l'intérêt porté aux réactions individuelles étaient nouveaux.

## 2.3 Les philosophes

Cette prose fut aussi influencée par les discours à la *Royal Society*, fondée en 1662 et qui exigeait de ses membres « a close, naked, natural way of speaking », et par les ouvrages des philosophes.

**Thomas Hobbes** (1588-1679) exprime dans *Leviathan* (1651) un matérialisme teinté de cynisme et bâtit une théorie du pouvoir. Le style est clair, la démonstration logique, illustrée d'exemples, mais non dénuée de passion :

> The Kingdom of God is gotten by violence ; but what if it could be gotten by injust violence ? Were it against reason so to get it, when it is impossible to receive hurt by it ? and if it be not against reason, it is not against justice, or else, justice is not to be approved for good. From such reasoning as this, wickedness hath obtained the name of virtue...
>
> (*Leviathan, I, 1*)

**John Locke**, son disciple (1632-1704), modifia sa théorie : dans *An Essay Concerning Human Understanding* (1690), il pose en principe que le savoir se fonde sur l'expérience. Sa prose, claire et lucide, convient admirablement à l'exposé de ses idées : son influence fut considérable.

**John Dryden** s'appliqua, dans ses œuvres en prose, à analyser le fait littéraire : *An Essay of Dramatic Poesy* (1668) cherche à construire un théâtre nouveau à partir d'Aristote, des théâtres grec et latin, français et élisabéthain. Dans ses œuvres critiques, surtout de longues préfaces, il s'intéresse à la versification et tente d'établir les règles du goût.

# 3. Le théâtre

## 3.1 Le théâtre de la Restauration

Les dernières pièces de Shakespeare et Jonson furent produites au début du XVIIe siècle, comme celles de Philip Massinger et de Thomas Middleton qui font partie de la tradition élisabéthaine.

Philip Massinger est surtout connu pour *A new Way to pay old debts* (1625) et Thomas Middleton pour des comédies très enlevées comme *A chaste Maid in Cheapside* (1618) et des tragédies dont *The Changeling* (1621) écrite en collaboration avec Rowley : violence et pitié alternent et rappellent les pièces de vengeance.

Les théâtres furent fermés par le régime de Cromwell de 1642 à 1660, date à laquelle Charles II les fit rouvrir. La soif d'amusement et l'esprit libertin de la Cour fournirent un prétexte pour des comédies enlevées, aux dialogues pétillants et aux situations et sous-entendus souvent lestes, sinon franchement immoraux.

**Sir George Etherege** (1635-1691) écrivit la première comédie « de manières » (*comedy of manners*) spirituelle, élégante, où dominent les intrigues : *The Man of Mode* (1676).

**William Wycherley** (1640-1715), influencé par Molière et Jonson, a un style plus robuste et un entrain irrésistible. Il traite ses sujets avec un détachement cynique : *Love in a Wood* (1671), *The Gentleman Dancing Master, The Country Wife* et *The Plain Dealer* (1674) ont toujours figuré au répertoire des théâtres anglais et ont dépassé la coterie à laquelle ces pièces étaient destinées.

Le plus jeune de ces auteurs, **William Congreve** (1670-1729), auteur d'une tragédie, *The Mourning Bride* (1697), doit sa renommée à des comédies bien structurées, aux dialogues spirituels, aux oppositions entre personnages où il dépeint un monde clos, motivé par le plaisir et l'intérêt personnel ; là les *True wits*, élégants et intelligents, dominent le *fops* et autres *witwouds* (benêts et vils imitateurs). *The Double Dealer* (1694), *Love for love* (1695) et *The Way of the World* (1700) furent écrites avant qu'il ait trente ans. Cette dernière n'eut pas le succès attendu ; le genre était peut-être épuisé et dans le couple Millamant/Mirabell, plus sincère malgré les maniérismes, se dessine un nouveau type de personnages.

## 3.2 Dryden, homme de théâtre

A cette même époque, la tragédie est représentée par le genre « héroïque » défini par Dryden, en particulier dans *An Essay of Dramatic Poesy* (1668) : l'amour, la gloire et l'honneur y sont illustrés par de longues tirades en distiques rimés ; les passions sont éloignées de la vie. *Aurengzebe* (1675) est la plus acceptable.

Dryden retrouva le « *blank verse* » pour *All for Love*, qui est une variante d'*Antony et Cleopatra* et une fort belle pièce, si on oublie Shakespeare. Il écrivit aussi des comédies (*Mariage à la Mode,* 1672) qui incluent des vers gracieux.

## 3.3 La tragédie

**Thomas Otway** donna de bonnes tragédies en retrouvant la tradition du théâtre de la Renaissance : *The Orphan* (1680) et *Venice Preserved* (1682).

Pendant la période 1660-1700, le théâtre reprit, mais de manière dispersée, dans des conditions nouvelles. Les excès de la tragédie héroïque, l'immoralité de la comédie de manières vont amener une réaction au siècle suivant.

# CHRONOLOGIE : DE 1603 À 1714

| Événements politiques et religieux | Littérature et philosophie |
|---|---|
| | **1608 :** Milton, *Comus*. |
| **1611 :** version « autorisée » de la Bible. | |
| | **1613 :** dernière pièce de Shakespeare : *The Tempest*. |
| | **1616 :** Shakespeare meurt ; Cervantès aussi. - Ben Jonson, *The Works*. |
| **1620 :** débarquement des « Pilgrim Fathers » en Nouvelle Angleterre. | |
| **1625 :** Charles I$^{er}$, roi. | **1625 :** Francis Bacon, *Essays*. |
| | **1621 :** Burton, *Anatomy of Melancoly*. |
| | **1631 :** naissance de Dryden ; mort de Donne. |
| | **1633 :** John Donne, *Poems*. |
| | **1637 :** mort de Ben Jonson. |
| | **1641 :** Hobbes, *Leviathan*. |
| **1642 :** début de la guerre civile. | **1642 :** fermeture des théâtres. |
| **1645 :** Laud, archevêque de Canterbury, exécuté. | |
| **1649 :** Charles I$^{er}$, exécuté. | |
| **1653 :** Cromwell « Lord Protector ». | |
| **1658 :** mort de Cromwell. | |
| **1660 :** Restauration ; Charles II. | **1660 :** début du journal de Pepys. - réouverture des théâtres. |
| | **1662 :** fondation de la « Royal Society ». |
| | **1663 :** Butler, *Hudibras*, début. |
| **1665 :** la grande épidémie de peste. | |
| **1666 :** le grand incendie de Londres. | |
| | **1667 :** Milton, *Paradise Lost*. - Dryden, *Annus Mirabilis*. |
| | **1673 :** mort de Molière. |
| | **1674 :** mort de Milton. |
| | **1675 :** Wycherley, *The Country Wife*. |
| | **1678 :** Bunyan, *Pilgrim's Progress*. |
| **1679 :** la loi d'*Habeas Corpus*. | |
| | **1682 :** Dryden, *Mac Flecknoe*. |
| **1685 :** Jacques II, roi. | |
| | **1687 :** Newton, *Principia*. |

| Événements politiques et religieux | Littérature et philosophie |
|---|---|
| **1688 :** la « glorieuse révolution ».<br>- Guillaume et Marie souverains. | **1688 :** mort de Bunyan, naissance de Pope. |
| **1689 :** loi de Tolérance *Bill of Rights*. | |
| | **1690 :** John Locke, *Two Treatises of Government. An Essay Concerning Human Understanding*. |
| **1694 :** mort de Marie. | |
| | **1695 :** Congreve, *Love for Love*. |
| | **1700 :** mort de Dryden ; Congreve, *The Way of the World*. |
| **1702 :** Anne, reine.<br>- guerre contre la France et l'Espagne. | |
| | **1704 :** Swift, *A Tale of a Tub*. |
| **1707 :** loi d'Union avec l'Ecosse. | **1707 :** début du périodique de Steele *The Tatler*.<br>Farquhar, *The Beaux' Stratagem*. |
| | **1711 :** Pope, *An Essay on Criticism*.<br>- Addison et Steele, *The Spectator*. |
| | **1712 :** Pope, *The Rape of the Lock*. |
| **1713 :** traité d'Utrecht. | |

4

# LE XVIII$^{e}$ SIÈCLE, 1714-1798

Il n'est pas monolithique comme on l'imagine souvent, qu'on l'appelle époque « augustéenne » (référence à la période inaugurée par Dryden : imitation des auteurs de l'Antiquité gréco-latine, recherche de perfection formelle, culte de la raison et comparaison de l'Angleterre avec l'Empire de Rome) ou « georgienne », du nom des souverains de la dynastie de Hanovre qui régna à partir de la reine Anne, en 1714.

Le XVIII$^{e}$ siècle est riche et divers dans ses recherches et réalisations scientifiques, philosophiques, artistiques et littéraires. C'est aussi l'âge de la satire qui s'exprime en vers, en prose et sur scène avec Pope, Swift, Churchill, Gay, Fielding, mais aussi dans les caricatures. Cet esprit se propage dans les cafés à la mode, dans les clubs où on se regroupe, par affinité politique le plus souvent (celui des scribleriens, plutôt « tory », avec Congreve, Gay, Pope, Arbuthnot, Swift). Le bel esprit et le bon goût, la juste raison (*wit, taste, right reason*) sont les maîtres mots ; ce qui n'empêchait pas l'angoisse religieuse, le sentimentalisme moralisateur ou l'enthousiasme de se manifester car, dans ce siècle normalisateur, où l'on découvre les « sauvages », où l'on classe et fait l'inventaire des richesses du monde, se pose le problème du rapport entre l'homme en général (celui de l'*Essay on Man* de Pope) et les individus bien réels (ceux que le même ridiculise dans *The Dunciad*). A la lumière des découvertes scientifiques, la nécessité d'inventer une nouvelle cosmogonie s'impose de plus en plus.

**Enlightenment**

Les « Lumières » désignent une attitude philosophique et littéraire, selon laquelle la raison et le jugement doivent guider toutes les activités humaines : le progrès sera alors sans limite. L'homme doit être considéré dans son contexte social ; l'individu est un exemple de l'homme en général, qui est lui-même un maillon de la grande chaîne des êtres. L'imitation des anciens, recommandée par les « néo-classiques » de la fin du XVII$^{e}$, et la *poetic diction* de Dryden et Pope sont peu à peu assouplies.
Tous les arts sont influencés par le désir de mesure et d'équilibre : l'architecture, après les œuvres baroques de Vanburgh, voit triompher l'influence de l'italien Palladio, dans les œuvres d'Inigo Jones et de Christopher Wren (architecte de St-Paul's, à Londres) et de Lord Burlington. Les œuvres des peintres : Reynolds, Gainsborough, Stubbs où dominent les portraits, montrent un intérêt croissant pour la nature et le pittoresque ; Hogarth est plus célèbre pour ses séries : *Mariage à la Mode* (1745), *The Harlot's Progress*, *The Rake's Progress* et ses caricatures, que pour ses œuvres dans le « grand style ». La musique est dominée par Haendel (1685-1759) et par le goût de l'opéra.

# 1. La poésie

## 1.1 Pope, Thomson, le docteur Johnson

**Alexander Pope** (1688-1744) se présente, à la suite de Dryden, comme un théoricien, un styliste : il n'y a rien de vraiment nouveau à dire, il faut renouveler les modes d'expression, rechercher la perfection. Copier la nature, c'est retrouver les anciens. Son *Essay on Criticism* (1711) s'inspire de l'*Ars Poetica* d'Horace. Ses traductions du latin de Virgile, Juvenal, Ovide formèrent son style ; celles de l'*Illiade*, puis de l'*Odyssée* (1715-1720) eurent un succès considérable. Selon Pope, l'esprit ajoute le mouvement et la vie aux œuvres littéraires : « True wit is nature to advantage dress'd ». Ce principe est illustré par la parodie d'épopée *The Rape of the Lock* (deux chants en 1712, trois autres 1714), qui décrit des querelles de salon entre « beaux » et « belles » en distiques héroïques. *The Dunciad*, 1728, complétée en 1743, attaque les ennemis littéraires de Pope, courtisans de la déesse Stupidité. L'*Essay on Man*, 1734, ouvrage philosophique en vers, approuve l'ordre existant ; disciple de Bolingbroke, Pope s'y montre déiste ; il énonce des principes devenus célèbres :

Know thyself ; presume not God to scan
The proper study of mankind is Man.

Pour lui, la nature est le corps, Dieu est l'âme. Très admiré en son temps, Pope n'eut pas l'influence directe qu'on lui attribue parfois. Certains aspects de la prosodie furent cependant imités. Seule *The Rosciad*, de **Charles Churchill** (1731-1764) est dans le même esprit, sans égaler le maître.

**Les philosophes**

L'influence de Locke est prépondérante, sa théorie de la perception eut une influence indirecte sur les poètes ; Berkeley, dans *Towards a New Theory of Vision* (1709) rétablit l'idéalisme ; Hume (*An Enquiry Concerning Human Understanding*, 1748) introduit le doute sur les aptitudes de l'esprit humain ; Shaftesbury prolonge les idées de Bolingbroke et accorde une grande valeur aux émotions et au sentiment esthétique. Adam Smith introduit les notions utilitaires (*The Wealth of Nations*, 1776).
C'est aussi une époque de développement des sciences et techniques, et des sociétés savantes (*Royal Academy, Dilettanti*).

L'inspiration de **James Thomson** est bien différente, bien que la nature et le déisme en soient aussi le point de départ. *Les Saisons* (1726-1730), écrites en vers blancs, expriment « l'enthousiasme poétique qu'éveille en lui la nature ». Ce sentiment nouveau est aussi celui de Shaftesbury, qui voulait que le vrai se manifeste aussi sous une forme émotionnelle. Thomson utilise le vers blanc avec une grande liberté :

Huge uproar lords it wide. The clouds, commixed
With stars swift-gliding, sweep along the sky. (« Winter »)

On trouve aussi un écho des théories de la perception de Locke dans les métaphores de ces poèmes. *The Castle of Indolence* (1748) est une allégorie où les valeurs de l'art et de l'industrie l'emportent sur l'imaginaire et la sensualité.

Si Thomson reste néo-classique par ses thèmes et sa diction, le docteur **Samuel Johnson** l'est dans l'ensemble de son œuvre. Après *The Vanity of Human Wishes* (1749), il écrivit des poèmes satiriques comme *London*, imité de la troisième satire de Juvénal ; cette poésie en distiques héroïques contient des images personnelles, malgré la raideur imposée par la forme.

## 1.2 L'émergence du sentiment

Mark Akenside, son contemporain, publia en 1747 *The Pleasures of Imagination* ; la même année, Joseph, l'un des frères Warton, exprima son désir de sublime et de pathétique dans *The Enthusiast* et *The Pleasures of Melancholy* (1747). Ces notions d'imagination, de passion et de mélancolie témoignent d'une tendance nouvelle où la contemplation, les attitudes sentimentales alternent avec l'angoisse et la violence de l'expression. **Edward Young** (1683-1765) inaugure la série de poèmes de la nuit et des tombeaux avec *Night Thoughts on Life, Death and Immortality* (1742-1744). **William Collins** écrit des odes délicates « Ode to Simplicity », « Ode to Evening » (1746-1748) où s'exprime cette sensibilité nouvelle, mais bridée par le souci de la forme. **Thomas Gray**, auteur d'odes et de la célèbre *Elegy Written in a Country Churchyard* (1751) ajouta à son érudition la recherche du pittoresque et l'atmosphère des temps anciens qui s'expriment dans *The Bard* et *The Descent of Odin*, inspirés par les légendes nordiques.

Le retour à la tradition celte est marqué par les poèmes d'Ossian que Mac Pherson prétendit avoir traduits d'un manuscrit en gaélique du III$^{e}$ siècle (1760-1763). Collins avait écrit une ode sur les *Highlands* en 1749. Le Moyen Âge inspira Percy qui publia un recueil de ballades anciennes : *Reliques of English Poetry* (1765) et James Beattie *The Minstrel* (1771). Thomas Chatterton prétendit avoir seulement transcrit les poèmes de Rowley, au langage archaïque, censés avoir été écrits par un moine du XV$^{e}$ siècle. Son suicide à dix-huit ans en fit un héros romantique qui inspira à Wordsworth ces vers :

I thought of Chatterton, the marvellous boy,
The sleepless soul, who perished in his pride.

Keats lui dédia le poème élégiaque *Endymion.*

Dans les poèmes de **Goldsmith**, *The Traveller* (1764) et *The Deserted Village* (1770), la vie rustique est décrite au moment où elle va disparaître ; la santé et la rudesse du monde rural vont faire place à la corruption de la vie urbaine, thème fréquent à l'époque et qu'on trouve dans les romans. **George Crabbe** est plus réaliste et brutal dans *The Village*, 1783 ; *The Borough*, 1810, est classique par ses distiques rimés, mais moderne par sa solidarité envers la détresse humaine. Plus intérieure est la poésie de **William Cowper** (1731-1800). Il connaissait et aimait la nature et son propos profondément original était souvent didactique. *The Task* (1784), long poème en vers blancs, est divisé en six livres. Les *Olney Hymns* furent influencés par le renouveau évangélique. *The Castaway* (1803) est une parabole poignante de ses tourments spirituels et de sa peur de la folie :

No voice divine the storm allayed,
No light propitious shone :
When, snatched from all effectual aid,
We perished, each alone :
But I beneath a rougher sea,
And whelmed in deeper gulfs than he. (*The Castaway*)

**Christopher Smart** (1722-1771) écrivit *Song to David* dans la cellule de l'hôpital où il était enfermé. On reste surpris par le nombre de poètes morbides, dépressifs ou ayant sombré dans la démence, surtout dans la deuxième moitié du siècle.

## 1.3 Robert Burns (1759-1796)

Poète national de l'Ecosse, Robert Burns était d'origine paysanne, mais avait beaucoup lu et pouvait s'exprimer en anglais élégant. Il choisit pourtant un dialecte mêlé d'anglais, ce qui donne un air naïf à ses poèmes satiriques, comme « The Jolly Beggars » ; dans ses vers, il chante les filles, l'amitié, la taverne (« Tam o' Shanter »). L'hypocrisie et les inégalités le révoltaient. Tout le monde, en Ecosse, sait encore chanter « Bonnie wee thing » ou « Ye banks and braes o'bonnie Doon ».

## 1.4 William Blake (1757-1827)

Contemporain de Robert Burns, William Blake ne peut être classé : la grandeur de sa vision est unique ; elle le libéra des contingences matérielles. Poète, peintre et graveur, il transfigurait le monde naturel, dans la plus grande simplicité :

To see a world in a grain of sand
And a heaven in a wild flower,
Hold infinity in the palm of your hand
And Eternity in an hour. (*Auguries of Innocence*)

Il publia un recueil enluminé : *Songs of Innocence* (1789), puis *Songs of Experience* (1794) où il dépeint la misère et l'exploitation. L'existence de deux états contraires représentent le mal ; rechercher l'unité revient à trouver Dieu.

Du point de vue formel, Blake expérimente la prosodie la mieux adaptée à son message. Récusant la tradition et se fondant sur son intuition, il écrivit les livres prophétiques : *The Book of Thel* (1789), où la jeune fille hésite, au bord de l'expérience, à perdre son innocence et sa vision originelles. *Urizen*, dans le livre qui porte son nom (1794), est le mal (la raison, la loi, la répression) et Los (*The Book of Los*, 1795) est l'énergie vitale, la prophétie. *The Marriage of Heaven and Hell* (1790) est un chant de liberté, une prophétie politique ; ce texte est en prose. *The Visions of the Daughters of Albion* (1793) est également révolutionnaire ; enfin *Jerusalem* (1804) montre comment l'homme peut trouver Dieu dans l'unité. Les premiers poèmes sont d'une magie irrésistible, les livres prophétiques ésotériques et difficiles.

On considère souvent Blake comme un romantique, mais il est au-delà des écoles, s'étant forgé son propre mode d'expression, sa symbolique, pour tenter d'exprimer une vision et une exhortation mystiques.

# 2. La prose

## 2.1 Floraison des œuvres en prose

Les ouvrages en prose sont très nombreux et divers au XVIIIe siècle. Le style a atteint clarté, souplesse et unité qui sont la marque du néo-classicisme anglais. Essais et traités moraux et philosophiques (ceux de Berkeley, de Hume), périodiques (de Steele, de Johnson), sermons et textes religieux (comme *The Analogy of Religion* de Joseph Butler, 1736), discours à la *Royal Academy* (ceux de Reynolds furent prononcés entre 1768 et 1790), au Parlement (ceux de Burke à la fin du siècle), pamphlets politiques comme ceux de Swift (*The Drapier's Letters*, 1724) et ceux de Burke (*On american Taxation*, 1774, *Reflections on the Revolution in France,* 1790), biographies (*Lives of the Poets*, de Johnson, 1779 ; *Life of Johnson*, de Boswell, 1791), tous ces textes abondèrent.

Les cercles littéraires permirent des échanges entre écrivains ; ils y faisaient assaut de pointes satiriques et de traits spirituels. Une émulation se créait, des défis étaient lancés. Les conversations eurent une influence difficile à mesurer aujourd'hui. C'est ainsi que le projet de *Gulliver* naquit probablement au sein des « scriblériens », club qui regroupait, autour du personnage fictif de Martin Scriblérius, Pope, Gay, Swift, Arbuthnot et d'autres. Un autre cercle resté célèbre se réunissait autour de la table à thé du docteur Johnson, à la génération suivante : Boswell et Gibbon s'y retrouvaient.

Un puissant intérêt pour l'histoire poussa Smollett à écrire *A Complete History of England* (1758). Hume était historien. Edward Gibbon publia *The Decline and Fall of the Roman Empire, from the Ancient World to Modern Civilization* (1776-1788). Il y trouva l'occasion d'exprimer, en une prose magnifique, son scepticisme quant à la religion et aux progrès de l'humanité. Ce siècle produisit aussi des philologues comme John Cleland, l'auteur de *Fanny Hill* et Johnson, avec son dictionnaire et ses annotations des textes de Shakespeare, et de nombreux critiques comme Dennys, Rhymer, Waller, Dryden ou Denham qui poussèrent très loin la réflexion sur les genres et les techniques littéraires.

## 2.2 Naissance du roman

Ce qui frappe pourtant, au milieu de tant d'œuvres en prose de valeur, c'est l'émergence du roman en tant que genre ; naissance annoncée par les « *romances* » en vers, les journaux intimes, les récits de voyages et les confessions de condamnés, sans oublier les romans picaresques du continent, espagnols ou français, ni les recueils de contes comme le *Decameron* de Boccace. Les progrès de la prose en clarté et en concision et la vogue des périodiques, où paraissaient des essais relatant des anecdotes assorties de commentaires philosophiques ou moraux, influencèrent le style des premiers romanciers et mirent l'accent sur la relation narrateur/public. Après *The Review* de Defoe, *The Tatler* (1709-1711), puis *The Spectator* (1711-1712, puis 1714) où collaborèrent Addison et Steele (le personnage de Sir Roger de Coverley et son entourage sont restés célèbres), il faut citer encore *The Rambler* de Johnson. D'autres magazines littéraires ou politiques eurent un grand poids par leurs articles critiques.

Il est hasardeux de vouloir définir le roman et de fixer une date précise à ses débuts ; on peut se contenter de dire qu'il est un récit en prose, doté d'une structure, de personnages autonomes et généralement porteur d'un message ou d'une vision du monde. Le roman se distingue aussi du conte par une conception plus large des phénomènes socio-culturels.

Le premier ouvrage répondant à cette description est *Robinson Crusoe*, de **Daniel Defoe** (1660-1731) non conformiste à la vie aventureuse, issu des classes moyennes. Ecrit dans la tradition des récits de voyages, ce livre fut probablement inspiré par les aventures réelles d'un marin naufragé, Alexander Selkirk, mais il s'y ajoute une dimension morale : Robinson est puni de sa désobéissance envers son père, mais se rachète par sa ténacité ; ses relations avec le sauvage Vendredi ont des implications sociales ; de plus, Robinson survit grâce aux valeurs et aux habitudes des classes moyennes anglaises d'alors. La vraisemblance est soigneusement préservée : l'auteur se dissimule derrière le narrateur qui consigne ses remarques à la première personne, dans son livre de bord. Robinson ne semble pas affecté par sa longue solitude, ni par sa lutte contre les éléments hostiles. L'épisode le plus proche de l'analyse psychologique est celui où le héros est saisi par la peur en voyant la trace d'un pied énorme dans le sable. Le succès de ce récit ne s'est jamais démenti ; le thème de l'île déserte est un des plus féconds en littérature, et le naufragé qui garde intactes les valeurs de la civilisation atteint une grandeur mythique.

*Moll Flanders*, publié en 1722, est l'histoire d'une voleuse à la tire. L'intérêt pour le destin d'une femme et pour la vie des bas-fonds, la sincérité du ton de ces mémoires fictives, la diversité des aventures relatées rendent ce livre passionnant, malgré ses invraisemblances : il est à la fois picaresque, romanesque et réaliste. *Lady Roxana* (1724) montre les difficultés rencontrées par une femme pour conserver sa dignité dans un monde dominé par les hommes. *Captain Singleton* et *A Journal of the Plague Year*, à la fois documentaires et œuvres d'imagination, complètent l'apport de Defoe au roman, mais celui-ci écrivit aussi des essais, des traités dont les plus importants sont *A Tour Through the Whole Island of Great Britain* (1724-1727) et *An Essay upon Projects* (1697).

Quand *Gullivers Travels*, du docteur **Jonathan Swift**, parut en 1726, le livre eut un succès immédiat, dû en partie à la satire des institutions et aux personnages à clé qu'il contient. On peut se demander s'il ne s'agit pas d'un conte philosophique, plutôt que d'un roman. L'auteur utilise la médiation d'une « *persona* » qui écrit ses mémoires après des tribulations dans quatre pays imaginaires. Le voyage à Lilliput et celui à Brobdingnag permettent de montrer que la vérité est relative ; ces deux livres sont les plus populaires. Le livre III, qui s'attaque à la prétention des philosophes et des savants au désir d'immortalité, et le livre IV, où l'île est habitée par des chevaux raisonnables qui règnent sur les Yahoos, bestiaux à forme humaine, ont fait accuser Swift de misanthropie et même de déséquilibre mental. En réalité, c'est l'homme que le satiriste attaque, dans son corps et dans son esprit, et non les individus : Swift était tolérant et un excellent ami. Ardent défenseur de la langue anglaise, son style est concis et inimitable. Il suivit son propre principe : « Proper words in proper places make the true definition of a style. »

Parmi ses autres écrits en prose, il faut citer : *The Battle of the Book* et *A Tale of a Tub* (1704), *The Bickerstaff Papers* (1708), *The Drapier's Letters* (1724) où il défend les intérêts des Irlandais, *A Modest Proposal* (1729) que l'inversion ironique et la cruauté rendent à peine supportable, *The Journal to Stella*, une importante correspondance et des poèmes.

Le milieu du siècle est marqué par l'opposition entre deux grands romanciers : Richardson et Fielding ; ils furent différents dans leur conception du roman et dans les solutions trouvées pour atteindre leur but.

**Samuel Richardson** (1689-1761), imprimeur, avait composé un recueil de modèles de lettres à l'usage de ceux (et surtout de celles) qui ne savaient pas les écrire. Son premier roman, *Pamela or Virtue Rewarded*, contient des lettres de l'héroïne à ses parents. Cette très jeune et jolie femme de chambre résiste au jeune maître qui finit par l'épouser. Le tome II décrit l'adaptation de la jeune femme à sa nouvelle situation sociale. Dans *Clarissa Harlowe*, Clarissa, jeune fille de bonne famille, meurt d'avoir été séduite par Lovelace. Quatre correspondants commentent la situation : Clarissa et son amie Hannah, Lovelace et son confident Belford. La forme épistolaire permet à Richardson de multiplier les points de vue : la vision est plus riche, l'analyse psychologique subtile et le lecteur peut se faire une opinion personnelle, sans être guidé par un narrateur omniscient. *Sir Charles Grandison* (1753-1754) présente l'idéal du gentilhomme, opposé au libertin Lovelace.

Ces romans eurent un succès énorme en librairie et grâce aux bibliothèques de prêt : ils correspondaient à la demande d'un public plus large où figuraient de plus en plus de femmes, à une tendance plus sentimentale et moralisante. On a reproché à Richardson son propos didactique et sa moralité « bourgeoise », mais la nouveauté de sa technique, de ses analyses, l'introspection que pratiquent ses personnages, ont fait faire au roman un grand pas vers la modernité.

*Pamela* ne fut pas du tout du goût d'**Henri Fielding** (1707-1754) qui, non content de l'avoir parodié méchamment dans *Shamela*, écrivit *Joseph Andrews* (1742) dans le but de ridiculiser Pamela, sœur de Joseph ; mais après les premiers chapitres, où le chaste Joseph refuse les avances de Lady Booby et se fait renvoyer, son départ sur la route où il chemine avec le pasteur Adams marque un changement de ton et d'intention. Le roman est picaresque, comique, et traite d'humbles personnages sur le mode épique ; c'est ce qu'annonce Fielding dans sa préface : il s'agit d'une « épopée comique en prose ». L'influence de Cervantès et de son ami le peintre Hogarth y est sensible. L'auteur/narrateur intervient parfois directement ou guide le lecteur par des indications en tête de chapitre ou des commentaires et digressions.

*The History of Jonathan Wild the Great* (1743) permit à Fielding de reprendre un thème de son propre théâtre, abandonné par suite du *Licensing Act* de 1737, et du *Beggar's Opera* de Gay : il y a peu de différence entre un grand général, un grand politicien et un grand malfaiteur : ce qui importe est d'être grand. *Tom Jones* (1749), le plus achevé de ses romans, montre comment le héros pourra épouser Sophia, qu'il aime, au terme d'une initiation faite d'aventures diverses ; les personnages évoluent au contact les uns des autres, au sein de leur groupe social. A travers la société de son temps, Fielding cherche la vérité de la nature humaine et, malgré ses expériences comme dramaturge satirique et comme juge, sa vision est tolérante et généreuse : ses maîtres mots sont *benevolence* et *improvement*.

*The Vicar of Wakefield*, d'Oliver Goldsmith (1766), exprime une philosophie voisine mais dans une tonalité plus religieuse (en particulier quand le pasteur Primrose supporte ses épreuves). La stylisation est plus poussée, les situations plus symboliques.

Dans les romans de **Tobias Smollett** (1721-71), le voyage initiatique, la mer ou la route jouent un grand rôle. *Roderick Random* (1748) se déroule en partie en mer (l'auteur avait été chirurgien de la marine). *Peregrine Pickle*, comme son nom l'indique, est picaresque. Tous deux présentent une galerie de personnages vivants et hauts en couleur. *The Adventures of Frederick Count Fathom* (1753) montrent un méchant qui pourrait figurer dans un roman gothique. *Sir Launcelot Greaves* (1760-62) est un cousin de Don Quichotte. Le dernier roman de Smollett, *Humphrey Clinker* (1771), mêle le picaresque, la caricature et la bonhomie. Les voyageurs recherchent, chacun à leur façon, le bonheur, ou au moins l'identité personnelle. Le roman épistolaire diffère de ceux de Richardson par l'esprit et la structure : les cinq correspondants ne reçoivent pas de réponse, mais leurs anecdotes se font écho ; les points de vue sont affectés par les lieux différents : Bath, l'Ecosse, Londres. Le style exprime les idiosyncrasies des épistoliers.

Par *The Life and Opinions of Tristram Shandy, Gentleman* (1760-1767), **Laurence Sterne** (1713-1768) s'est démarqué de tous ses devanciers : ni l'intrigue, ni les personnages, ni le style ne suivent les règles du récit. La chronologie est ignorée, le livre procède par digressions, les références culturelles abondent. Le lecteur est appelé à participer, à modifier ou compléter la composition. La typographie est fantaisiste : étoiles, points de suspension en série, essais calligraphiques, une page est blanche, l'autre noire, l'autre encore marbrée ; le héros ne naît qu'au livre II et ne nous communique guère ses opinions ; cependant, la prise de conscience de Tristram progresse, les personnages prennent corps : les parents, l'oncle Tobie, le caporal Trim, Suzanne. Le burlesque, l'absurde, l'humour et la tendresse abondent. Drôle, humain et sentimental à la fois, ce livre semble avoir pour sujet la genèse de l'esprit humain et de l'artiste. Il rendit célèbre son auteur, malgré sa présentation déroutante pour l'époque. Précurseur de Joyce, Sterne annonce les recherches des écrivains du XXe siècle. Sa dernière œuvre, *A sentimental Journey through France and Italy* (1761), relate les émotions rares et les observations originales d'un voyageur, le pasteur Yorick. Ni la structure ni le style, classiques, ne rappellent *Tristram Shandy*, mais la qualité de la sensibilité en est proche.

## 2.3 Roman érotique, sentimental ou gothique

Une abondante littérature érotique circulait sous le manteau au milieu du siècle, mais peu de ces écrits atteignirent le statut littéraire, comme les deux romans de John Cleland : *Fanny Hill, Memoirs of a Woman of Pleasure* (1749) et *Memoirs of a Coxcomb* (1751). Ils exaltaient le plaisir physique, firent scandale et furent saisis. Le second est moins scabreux mais plus cynique. Apprécié par Boswell, édité par Apollinaire, *Fanny Hill*, est maintenant reconnu pour son style et sa franche transgression des tabous.

Le sentimentalisme qui était déjà bien établi au théâtre envahit le roman à partir des années 1770. De la masse d'œuvres mineures, écrites en majorité par des femmes, émergent *The Man of Feeling*, de Henry Mackenzie (1771), *Sanford and Merton*, de Thomas Day (1783-1789), où figure un Antillais, comme dans la pièce de Cumberland, et *The Fool of Quality* (1766-70) de Henry Brooke. Les tendances didactiques et humanitaires de cette fin de siècle y sont traduites en termes mélodramatiques et même larmoyants ; difficilement acceptables aujourd'hui, ils furent très populaires en leur temps. **Fanny Burney** écrivit des « romans de manières » fins et amusants (*Evelina*, 1778).

Le nouvel appétit de lecture des classes moyennes, la fuite en avant dans le rêve et l'imagination, la vogue de l'exotisme, expliquent en partie l'extraordinaire engouement du public pour les romans de terreur, appelés aussi « gothiques ». **Horace Walpole**, avec *The Castle of Otranto* (1764) en est l'initiateur. *Vathek,* de William Beckford, est un conte oriental qui tourne au cauchemar. **Anne Radcliffe**, avec cinq romans, triompha dans ce genre : *The Mysteries of Udolpho* (1794) et *The Italian* (1797) sont les plus connus. On y trouve des hommes sadiques qui torturent des jeunes filles sans défense, dans des tours ou des souterrains où rôdent des esprits. Des explications rationnelles de phénomènes purement subjectifs forcent l'adhésion des lecteurs. On trouve des traces de cette atmosphère dans les œuvres romantiques de Byron et des sœurs Brontë par exemple. *The Monk*, de G. Lewis (1795), influencé par la littérature allemande, valut à son auteur d'être surnommé « Monk Lewis » ; son succès fut européen, mais la sensualité exacerbée de certaines scènes choqua ses compatriotes.

Il faut citer aussi *Melmoth the Wanderer*, de Maturin (1820) et *Frankenstein* (1817), conte de Mary Shelley, qui continue à inspirer romanciers et cinéastes. Ces œuvres sont plus tardives.

Des romans à thèse, à la même époque, soutiennent un combat pour les droits de la femme, l'égalité des droits ou encore le droit à l'éducation : Mary Wollstonecraft, après *A Vindication of the Rights of Women* (1792), écrivit des romans qui illustrent ses arguments. Mrs Inchbald plaide pour l'éducation des jeunes filles ; Thomas Holcroft et William Godwin, dans *Caleb Williams* (1794) qui suit leur traité *Political Justice*, défendent l'égalité des droits. L'influence de Rousseau et de la Révolution française se fait sentir chez ces auteurs.

# 3. Le théâtre

## 3.1 Comédies « régulières » et farces

Il se distingue par un foisonnement d'œuvres moyennes, une vitalité intense, des affiches surchargées. C'est une entreprise commerciale : on peut gagner sa vie en écrivant des pièces, en étant directeur de théâtre, plus rarement acteur, mais certains étaient tout cela à la fois, comme Garrick. Le nombre de salles et de compagnies allait croissant à Londres et dans les provinces, les troupes ambulantes permettaient de mieux connaître les spectacles ; ceux de Londres allaient à Bath, par exemple, où les saisons se complétaient ; Dublin était un tremplin pour Londres. On s'intéressait à la genèse des pièces, comme le montrent les « *rehearsal plays* » (*The Critic*, de Sheridan, en est un exemple) et les écoles d'art dramatique ; le père de Sheridan en dirigeait une.

Il y eut de très nombreuses reprises ou adaptations d'œuvres du passé, de Shakespeare, Jonson ou Dryden, qui échappèrent à la controverse déclenchée par le pamphlet de Jeremy Collier : *A short View of the Immorality and Profaneness of the English Stage* (1698). L'indécence de certaines scènes du théâtre de la Restauration en était la cause et un nouveau type de pièces, comédies sentimentales ou tragédies domestiques, en furent la conséquence. Cette tendance fut renforcée par le *Licensing Act* de 1737 qui rétablit la censure.

Cependant la comédie d'intrigue et satirique subsista : elle unissait l'héritage de la Restauration à des éléments réalistes et populaires (surtout dans les farces, comme celles de Samuel Foote).

**John Vanburgh**, architecte qui construisit le théâtre du Haymarket et des châteaux comme Blenheim Palace, écrivit des pièces enlevées et bien construites comme *The Relapse*, 1696. Un autre auteur de transition, George Farquhar, plaça l'action de ses pièces débordantes de vie dans des auberges (*The Recruiting Officer*, 1706) ou au contraire dans le beau monde (*The Beaux' Stratagem*, 1707).

## 3.2 « Ballad Opera » et satire politique

**John Gay** créa un genre nouveau, le « Ballad Opera », ancêtre de la comédie musicale, avec *The Beggar's Opera* (1728) dont l'intrigue se déroule à la prison de Newgate (d'où la définition : « Newgate pastoral »). Les personnages appartiennent au milieu de la pègre et des gardiens de prison sans scrupules ; les chansons adaptent à des airs populaires très connus des paroles à plusieurs niveaux de sens, le public pouvant deviner dans le personnage de Peachum une satire de Walpole. La suite de cette pièce, *Polly*, fut interdite. Gay écrivit d'autres pièces, courtes et violentes, dont *The Mayor of Garrat*.

La satire de Walpole fut plus directe dans le théâtre de **Henry Fielding** : *The Adventures of Tom Thumb the Great, Pasquin* (1736) et surtout *The Historical Register* précipitèrent le *Licensing Act*, qui mit fin à sa carrière dramatique.

## 3.3 Comédies sentimentales et réaction à la fin du siècle

En même temps se développa une tendance plus policée, sentimentale et moralisatrice ; l'origine en est généralement attribuée à la pièce de Colley Cibber, *Love's Last Shift* (1696). **Richard Steele** fit jouer *The Tender Husband* en 1705 et *The Conscious Lovers* en 1722 : le mariage et le bonheur domestique y sont vantés, ce qui n'empêche pas les dialogues d'être fins et spirituels. Cette tendance envahit peu à peu la scène et triompha dans les années 1760, avec Hugh Kelly (*False Delicacy*, 1768) et Richard Cumberland (*The West Indian*, 1771). Elle fut combattue par Goldsmith qui en fit une gentille parodie dans *The Good-Natured Man* (1768) — mais il cède pourtant à cette mode par endroits ! *She Stoops to Conquer* est une démonstration plus probante, par un retour aux « manners » et à des sentiments plus naturels ainsi qu'à la joie de vivre. **R. B. Sheridan** est l'auteur le plus brillant de cette période (*The Rivals*, 1775 ; *The School for Scandal*, 1777 ; *The Critic* 1779). Dans ces comédies, l'action est rapide, les dialogues enlevés, l'étude de mœurs juste et fine.

> SIR PETER. Ah ! madam, true wit is more nearly allied to good-nature than your ladyship is aware of.
> LADY TEAZLE. True, Sir Peter : I believe they are so near akin that they can never be united.
> SIR BENJAMIN. Or rather, madam, suppose them to be man and wife, because one seldom sees them together.
>
> (*The School for Scandal*, II, 2)

Malgré son succès au théâtre, Sheridan l'abandonna très tôt pour la politique.

La comédie devient ensuite humanitaire et didactique, comme les autres genres littéraires de la fin du siècle. Thomas Holcroft, Mrs Inchbald produisirent de bonnes pièces, dans un style un peu hybride, comme *The Road to Ruin*, de Holcroft (1792) ou *I'll Tell You What* de Mrs Inchbald (1785).

## 3.4 Tragédie « domestique »

À la tragédie héroïque succédèrent des pièces en vers blancs, pathétiques et moralisatrices dont quelques-unes sont remarquables comme *Jane Shore*, de Nicholas Rowe (1714). Mais c'est surtout la résurgence d'un genre qui avait déjà fleuri pendant la Renaissance qui est marquante : la tragédie domestique, qu'on appelle aussi « drame bourgeois » ; il permettait de répondre à la demande de réalisme, de pathétique et de renouveau moral, de placer quelques tirades à la gloire des marchands et de l'Angleterre. Le marchand s'appelle Thorowgood, dans la pièce de George Lillo, *The London Merchant, or the History of George Barnwell* (1731). Souvent inégale, cette pièce offre de beaux passages. Elle est en prose, sauf une tirade à la fin de chaque acte.

> THOROWGOOD. Think not, by aggravating the faults of others to extenuate thy own, of which the abuse of such uncommon perfections of mind and body is not the least.
> MILLWOOD. If such I had, well may I curse your barbarous sex, who robbed me o'em ere I knew their worth ; then left me too late, to count their value by their loss. (IV, 2)

*Fatal Curiosity*, 1736, est une tragédie du crime et de la méprise. La tragédie de type classique se prolonge cependant avec Addison (*Cato*, 1713), Johnson (*Irene*, 1749) et les pièces de Mallet et Thompson, interdites pour raisons politiques.

La fin du XVIIIe siècle marque une étonnante décadence du théâtre : il n'y a plus de grande production originale. Le grand spectacle, la revue, le divertissement la remplacent. Les grands acteurs que l'on va voir jouer : Kean, Kemble, Sarah Siddons reprennent des succès passés, surtout Shakespeare. Il faudra attendre la fin du siècle suivant pour voir une résurgence significative du théâtre. On explique en partie ce déclin par le succès du roman et par le propos didactique envahissant. Nombre de pièces étaient en outre destinées à la lecture solitaire plus qu'à la scène.

# CHRONOLOGIE : DE 1714 A 1798

| Politique et société | | Littérature - Histoire des idées | |
|---|---|---|---|
| **1714 :** | George 1er, roi. | | |
| **1715 :** | rébellion jacobite. | | |
| **1718 :** | guerre contre l'Espagne. | | |
| | | **1719 :** | Daniel Defoe, *Robinson Crusoe*. |
| **1721 :** | Walpole, Premier ministre. | | |
| | | **1726 :** | Swift, *Gulliver's Travels*. |
| **1727 :** | George II, roi. | | |
| | | **1730 :** | Thomson, *The Seasons*. |
| **1737 :** | le *Licensing Act* censure le théâtre. | | |
| | | **1739 :** | Hume, *Treatise of Human Nature*. |
| | | **1740 :** | Richardson, *Pamela*. |
| **1742 :** | chute de Walpole. | **1742 :** | Fielding, *Joseph Andrews*. - Young, *Night Thoughts*. |
| **1744 :** | guerre entre la France et l'Angleterre. | **1744 :** | Hogarth, *Mariage à la Mode*. |
| **1746 :** | défaite des jacobites à Culloden. | | |
| | | **1747 :** | Richardson, *Clarissa Harlowe*. |
| **1748 :** | traité d'Aix-la-Chapelle. | | |
| | | **1749 :** | Fielding, *Tom Jones*. |
| **1751-1760 :** | la France perd peu à peu l'Inde et le Canada. | | |
| | | **1755 :** | Samuel Johnson, *Dictionary*. |
| **1760 :** | Georges III, roi. | **1760 :** | Sterne, *Tristram Shandy*. |
| | | **1762 :** | Rousseau, *Du contrat social*. |
| **1763 :** | traité de Paris. | | |
| | | **1765 :** | Horace Walpole, *The Castle of Otranto*. |
| | | **1768 :** | Gray, *Poems*. - la « *Royal Academy* » est fondée. |
| **1770 :** | Cook débarque en Nouvelles Galles du Sud. | | |
| | | **1771 :** | Smollett, *Humphrey Clinker*. |
| | | **1773 :** | Goldsmith, *She Stoops to Conquer*. |

| Politique et société | | Littérature - Histoire des idées | |
|---|---|---|---|
| **1776 :** | déclaration d'Indépendance américaine. | **1776 :** | Gibbon, *Decline and Fall of the Roman Empire.*<br>- Smith, *The Wealth of Nations.* |
| | | **1777 :** | Sheridan, *The School for Scandal.* |
| **1779 :** | *Luddite riots.* | | |
| **1780-1783 :** | *Gordon riots.* | | |
| **1783 :** | Pitt, Premier ministre.<br>- fin de la guerre d'Indépendance américaine. | | |
| | | **1785 :** | Cowper, *The Task.* |
| | | **1786 :** | Burns, *Poems.* |
| **1788 :** | crise de la Régence. | | |
| **1789 :** | prise de la Bastille. | **1789 :** | Blake, *Songs of Innocence.* |
| | | **1791 :** | Boswell, *Life of Johnson.* |
| | | **1792 :** | M. Wollstonecraft, *The Rights of Woman.* |
| **1793 :** | guerre entre la France et l'Angleterre. | | |
| **1796 :** | succès militaires de Napoléon. | | |
| **1798 :** | rébellion irlandaise. | **1798 :** | Wordsworth et Coleridge, *The Lyrical Ballads.*<br>- Malthus, *An Essay on the Principle of Population.* |

5

# LE XIXe SIÈCLE, 1798 - 1910

Le XIXe siècle couvre une période de transition — la Régence —, les règnes de George IV et Guillaume IV, puis le long règne de la reine Victoria, enfin une nouvelle période de transition sous Edward VII. Du point de vue littéraire, la période romantique est suivie de deux générations d'écrivains victoriens, puis d'édwardiens qui récusent le victorianisme et annoncent certaines tendances du modernisme.

## 1. La poésie

### 1.1 La première génération romantique

La première génération de poètes dits « romantiques » exprime des désirs et des besoins nouveaux en utilisant l'héritage de ceux qui avaient rompu avec le néo-clacissisme et la langue poétique (*poetic diction*) comme Cowper et Crabbe : on a alors parlé de renaissance romantique. Les sources d'inspiration sont le désir de liberté, en partie dû à l'influence de la Révolution française, le désir d'expression individuelle, le rôle prépondérant donné au rapport de l'homme avec la nature, à l'imagination voyageant dans le temps et dans l'espace. Ce goût de l'exotisme pousse certains à expérimenter des sensations fortes et originales : la recherche du rare, de l'inédit remplace désormais ce qui est commun à la nature humaine. Il n'y a pas d'école romantique anglaise à proprement parler, mais une orientation identifiable chez des poètes à l'individualité marquée — des romantismes plutôt qu'un seul. La forme se libère elle aussi : elle utilise tous les niveaux de langage corrects et tou es mètres à sa disposition. Seule compte la magie verbale. Le poète, le plus, se sent investi d'un rôle prophétique : il apprend aux autres regarder et à vivre.

La préface de *Lyrical Ballads* (1798), ensemble de poèmes écrits par William Wordsworth et Samuel Taylor Coleridge, passe pour être le manifeste romantique :

**William Wordsworth** (1770-1850) y recommande des sujets simples t rustiques, l'étude de l'homme et de la nature et l'usage de la langue e tous les jours, plus précisément : « a selection of the language really sed by men in a state of vivid sensation ». « Simon Lee », « The 'horn », « Lines composed above Tintern Abbey » montrent comment 'observation et la contemplation de la nature sont source de paix et rocurent « the pleasure which there is in life itself » (« Michael »). Commencé en même temps que les *Ballades,* le *Prélude* décrit la vie de 'enfant en communion spontanée avec la nature, puis comment il perd et état de grâce et ne le retrouve, adulte, qu'au prix d'efforts et de souffrances. Cet itinéraire spirituel, au mouvement ternaire, est structuré n quatorze livres ; il est écrit en vers blancs d'une grandeur épique, ui rappellent Milton que le poète vénérait. Le sonnet « Milton ! Thou houldst be living at this hour », de 1802, témoigne de cette admiraion. Pendant ces années, Wordsworth exprima, en de brillants sonets, ses préoccupations politiques devant l'attitude de Bonaparte qui tilisait l'enthousiasme révolutionnaire à des fins de conquête, et même uand l'inspiration sembla éteinte, il écrivit encore des sonnets d'inspiation plus austère, dont *Ode to duty* et *Laodamia.*

La contribution de **Coleridge** (1772-1834) aux *Lyrical Ballads* fut de uatre poèmes ; le célèbre *Rime of the Ancient Mariner,* poème envoûant qui suit le rythme des ballades anciennes, en fait partie, ainsi que *Christabel,* inachevé et publié séparément, qui pose le problème du mal t des victimes innocentes. *Kubla Khan* (1816), également inachevé, est ne vision orientale, grandiose et inquiétante.

Where Alph, the sacred river, ran
Through caverns measureless to man
Down to a sunless sea.

*Dejection, an Ode* (1802) déplore que la souffrance diminue la puissance imaginative du poète. Ces vers ont une qualité musicale et un pouvoir d'évocation qui fait qu'ils hantent la mémoire. Coleridge fut auss philosophe et critique d'art ; sa préoccupation majeure était la recherche de l'unité que seule l'imagination permet de trouver. Le critique d'art fit preuve de beaucoup d'intuition (*Biographia Literaria,* 1817).

Robert Southey (1774-1843) composa des ballades d'inspiration celte ou gothique. Ses vers, narratifs et harmonieux, ont plu à ses contemporains, comme les vers de Walter Scott, inspirés de l'Ecosse (*The Lay of the Last Ministrel,* 1805 ; *The Lady of the Lake,* 1810).

## 1.2 La deuxième génération romantique

Les trois poètes qui forment ce qu'on appelle « la deuxième génération romantique » : Byron (1788-1824), Shelley (1792-1822) et Keats (1795-1821) sont exactement contemporains et sont morts jeunes.

**Lord Byron,** à qui sa réputation de libertin fit le plus grand tort, commença à publier *Childe Harold* en 1816 ; il y suggère des voyages en pays lointains, le rêve d'une vie magnifique, la recherche de sensations intenses et le regret des splendeurs du passé. Il use en maître de la strophe spensérienne.

Where rose the mountains, there to him were friends ;
Where rolled the ocean, thereon was his home ;
Where a blue sky and glowing clime extends,
He had the passion and the power to roam.

(*Childe Harold,* III

*Don Juan,* où se mêlent la parodie du héros romantique, le réalisme la critique des institutions et les aventures picaresques, ne fut pas compris. Certaines scènes un peu lestes choquèrent ; le poète semblait se moquer de lui-même et des autres, ce qui dérouta les lecteurs. Cependant, la solitude du héros et le dialogue qu'il entretient avec la nature sont clairement romantiques comme on peut le constater dans cette strophe en *ottava rima :*

And Juan wept, and much he sigh'd and thought,
While his salt tears dropp'd into the salt sea,
« Sweets to the sweet » (I like so much to quote ;
you must excuse this extract, — 'tis where she,
The Queen of Denmark, for Ophelia brought
Flowers to the grave) and, sobbing often, he
Reflected on his present situation,
And seriously resolved on reformation.

(Canto 2, XVII)

*Beppo* (1818) et *La Vision du Jugement* (1822), où Byron se moque du poète lauréat Southey, sont de brillantes satires. L'œuvre de Byron où l'homme et le poète sont intimement liés est encore objet de controverses.

**Ottava Rima**

Elle est utilisée par Boccace, le Tasse, l'Arioste et, en anglais, notamment par Byron, dans *Don Juan :*
8 vers rimant : ab, ab, ab, cc.
Byron utilise aussi la strophe spenserienne dans *Childe Harold :*
9 vers rimant : ab, ab, bc, bc, c.

**Percy Bysshe Shelley** fut d'abord philosophe, nourri de christianisme, de platonisme et influencé par son beau-père, William Godwin, auteur de *An Inquiry Concerning Political Justice.* Mais il se forma un idéal personnel, où le monde serait gouverné par l'amour et non par les institutions et où l'homme serait libre. Il chercha à communiquer sa vision à travers ses poèmes. *La Reine Mab* et *The Revolt of Islam* (1813 et 1818) dénoncent l'oppression et annoncent un monde meilleur ; *Alastor* (1816) recherche une perfection impossible : « vision and love » ; mais ces thèmes trouveront leur accomplissement dans le drame lyrique en quatre actes, *Prometheus Unbound (Prométhée délivré),* qui exalte l'homme qui refuse toute tyrannie et pourra finalement vivre dans un monde de liberté et d'amour. Dans ce poème en vers blancs, les idées révolutionnaires et l'orphisme grec s'allient. À l'acte IV, Demogorgon conseille le Titan :

To defy Power which seems omnipotent ;
To love and bear ; to hope, till hope creates
From its own wreck the thing it contemplates.

Ses odes *Au vent d'ouest* (1819), *A l'Alouette* (1820) et *Adonaïs* (1821), élégie sur la mort de Keats, sont plus mélancoliques. La beauté des images, où reviennent les éléments — le vent, les eaux, la terre, la lune —, et des rythmes fluides dus à une prosodie savante et complexe, sont le véhicule d'une vision métaphysique. La matière et la personne même se dissolvent dans un univers impersonnel, loin de la mort et de la corruption. On a pu reprocher à Shelley son éloignement des réalités, mais ces choix étaient délibérés et sa conception de la mission du poète très élevée, comme le montre sa *Défense de la poésie* (1821).

**John Keats,** partiellement autodidacte et mort prématurément de tuberculose, vivait pour la beauté, gage pour lui d'immortalité. Il avait étudié les auteurs anglais, Shakespeare et Spenser surtout, les anciens, grecs et latins, et était amateur de peinture et de sculpture. Très jeune, il fut entouré d'amis, artistes comme lui : Leigh Hunt, Byron, Shelley. Soucieux de perfection formelle, ses poèmes sont soigneusement travaillés et certains revus, malgré la brièveté de sa carrière. Il écrivit d'abord des sonnets, forme qu'il employa régulièrement ensuite, publia un long récit en vers, *Endymion* (1818), qui fut mal reçu, et commença une œuvre épique et philosophique, *Hyperion,* qu'il reprendra plus tard mais qui resta inachevée. Après ces longues œuvres en vers blancs, un recueil de poèmes, sonnets, odes et ballades parut en 1820 dont *The Eve of Saint Agnes,* au décor gothique, *Isabella, Lamia.* On y retrouve l'idée que l'imagination permet d'approcher la vérité, mieux que l'intellect :

Do not all charms fly
At the mere touch of cold philosophy ?

*(Lamia)*

Les grandes odes et *La Belle Dame sans merci* furent écrites en 1819. On y trouve un talent plus mûr, avec toujours le thème de la beauté, mêlé à celui de l'amour et la fascination/répulsion exercée par la mort :

She dwells with beauty — beauty that must die ;

*(Ode on Melancholy)*

Dans les odes (*To a Nightingale, On Melancholy, On a Grecian Urn, On Indolence* ou *To Autumn* — qui ne porte pas le titre d'ode), la tension entre sensualité et spiritualité, entre l'éphémère et l'éternel, semble s'adoucir et la paix dans l'harmonie s'instaurer. Tous les sens contribuent à la richesse des images, mais le rythme est lent, médiatif. La valeur suprême de la beauté, déjà exprimée dans *Endymion :* « A thing of beauty is a joy for ever », est réaffirmée avec force :

« Beauty is truth, truth beauty », that is all
Ye know on earth, and all ye need to know.

(*Ode on a Grecian Urn*)

Les lettres de Keats révèlent ses qualités humaines, mais aussi ses idées en matière de critique littéraire : il insiste sur le rôle de l'imagination et invente la notion de « negative capability ».

That is when Man is capable of being in uncertainties, mysteries, doubts, without any irritable reaching after fact and reason.

(*Letter to G. and T. Keats,* 1817)

**Textes critiques fondateurs du romantisme**

W. Worsworth : préface des *Lyrical Ballads* (1800).
S.T. Coleridge : *Biographia Literaria* (1817).
W. Hazlitt : *The Spirit of the Age* (1825).
P.B. Shelley : *A Defense of Poetry,* en réponse à *The Four Ages of Poetry* de W.S. Landor.
J. Keats : *Letters,* surtout 1810-1820.

**Thomas Moore** (1779-1852) s'inspira d'abord de l'Orient, puis de la culture celte (*Irish Melodies*), dans une langue savante et mélodieuse. **John Clare** (1793-1864), « poète paysan », sombra dans la folie. Ses *Poems descriptive of Rural Life* plurent en 1820, furent réédités par Edmund Blundes en 1930 et sont redécouverts actuellement.

Après ces poètes d'accès plus facile, Tennyson et Browning replacèrent très haut la fonction du poète.

## 1.3 Les poètes victoriens

**Alfred Lord Tennyson** (1809-1892) est héritier des romantiques par la forme et les thèmes héroïques et médiévaux ; il utilisa les mythes antiques et les légendes celtes. Spenser, Milton, Keats l'influencèrent. Le recueil publié en 1832 contenait *The Lady Shalott* et *The Lotos Eaters ; In Memoriam* est un long monologue intérieur, une élégie sur la mort d'un ami. Tennyson mit sept ans à la composer, de 1839 à 1847, et elle fut publiée en 1850. Formé de parties inégales, rédigé en quatrains, ce poème exprime une émotion vraie et commente les pensées de l'auteur sur la mort, le destin de l'homme et l'univers :

O Sorrow, cruel fellowship,
O Priestess in the vaults of Death,
O sweet and bitter in a breath,
What whispers from thy lying lip ?

*The Princes* (1847) et *Maud* (1855) furent suivis des *Idylls of the King* (1859), récit des légendes arthuriennes adaptées au goût victorien, à la fois romantique et didactique ; les peintres préraphaélites les illustrèrent. Poète lauréat, après Wordsworth, en 1850, il fut très populaire et se considérait comme le chantre de son époque, mais sa poésie, harmonieuse et édulcorée, entraîne dans un monde d'illusions, sans message ni vision personnelle. En voici un exemple :

By the margin, Willow-veil'd,
Slide the heavy barges trail'd
By slow horses ; and unhail'd
The shallop flitteth silken-sail'd
Skimming down to Camelot :
But who hath seen her wave her hand ?
Or at the casement seen her stand ?
Or is she known in all the land,
The Lady of Shalott ?

**Robert Browning** (1812-1889) utilisa ses connaissances précises et étranges et son habileté prosodique pour écrire des monologues dramatiques, abruptes et déconcertants. *Strafford* (1837) fut représenté au théâtre, mais *Paracelse* (1835) était plutôt destiné à la lecture. Browning étudie le développement d'un être dans un contexte historique, le plus souvent l'Italie méridionale ; il s'intéresse plutôt aux destinées qu'aux précisions biographiques. En suggérant l'intervention d'autres personnages, il fait varier les points de vue et peut présenter son commentaire philosophique. « Fra Lippo Lippi », « Andrea del Sarto » et « Saul » sont les plus connus de ces monologues, qui parurent dans plusieurs volumes : *Dramatic Lyrics* (1842), *Men and Women* (1855), *Dramatis Personae* (1864). *The Ring and the Book* (1868) est plus ambitieux : il mêle plusieurs monologues et décrit un crime. Il suit les motivations compliquées des personnages et, de cet enchevêtrement, surgissent ses idées sur le mal et la responsabilité morale. Voici un exemple du style dans lequel ces analyses sont faites :

> She had
> a heart — How shall I say ? — Too soon made glad,
> too easily impressed : she liked whate'er
> She looked on, and her looks went everywhere.
>
> « My Last Duchess », *Dramatic Lyrics*

Cette poésie est attachante bien que difficile à pénétrer, mais on trouve aussi dans son œuvre de courtes pièces descriptives, comme « Meeting at Night ».

**Elizabeth Barrett-Browning,** sa femme, après avoir traité de problèmes sociaux dans plusieurs poèmes, dont « Aurora Leigh » (1857), en vers blancs, exprima son amour profond pour son mari dans *Sonnets from the Portuguese* (1850).

**Matthew Arnold** (1822-1888), éducateur, critique littéraire et fils du Docteur Arnold de Rugby, gêné dans son œuvre poétique par la conscience d'une mission à accomplir, écrivit quelques beaux poèmes, dont le plus connu est « Dover Beach » (1867), où s'expriment l'inquiétude et la mélancolie et « Thyrsis », chant funèbre pour Arthur Clough, poète de talent à la brève carrière, redécouvert récemment.

**Edward Fitzgerald** (1809-1883) publia en 1859 les *Rubayat* d'Omar Khayyam, traduction remaniée du poète persan :

A Book of Verses underneath the Bough,
A Jug of Wine, a Loaf of Bread— and Thou
Beside me singing in the Wilderness—
O, Wilderness were Paradise enow !

## 1.4 Les préraphaélites

Les artistes nommés, car la plupart étaient peintres, se réclamaient des primitifs italiens d'avant Raphaël. On peut dire qu'ils forment la troisième génération de romantiques. Ils pensaient que l'art est étranger à la morale, cherchaient un genre de vie nouveau et tentaient d'échapper à la société industrielle. **Dante Gabriele Rossetti** (1828-1882) rassembla autour de lui Holman Hunt, Millais, Ford Madox Brown, Burne-Jones et sa sœur Christina. Rossetti publia un livre de poèmes (1870), *Ballads and Sonnets* (1881). Il avait traduit Dante et les poètes italiens anciens dont il s'inspira, surtout dans la forme. Lui et ses amis usèrent de symboles, d'images étranges et de détails extrêmement précis pour exprimer leur sensualité et leurs préoccupations mystiques :

The blessed Damozel lean'd out
From the gold bar of Heaven :
her blue grave eyes were deeper much
than a deep water, even.
She had three lilies in her hand,
And stars in her hair were seven.

**William Morris** (1834-1896), ami des préraphaélites, voulait que toutes les productions humaines fussent belles. Également influencé par Ruskin, il dessina des meubles, des motifs de papiers peints et de tentures, des vitraux. Sa pensée était révolutionnaire et il vécut en communauté dans un manoir des Cotswolds. La poésie appartient aux débuts de sa carrière littéraire (*The Defense of Guinevere* [1858], poème médiéval, *The Earthly Paradise* [1868], en distiques rimés).

**Algernon Charles Swinburne**, ami de Morris, dédia ses *Songs and Poems* (1866) à Rossetti, mais se nourrit de poètes grecs, de Baudelaire, Gautier et Hugo. *A Song of Italy* (1867), *Songs before Sunrise* (1871) ont choqué par une sensualité pervertie et leur anticonformisme ; *Songs of two Nations* (1875) par les idées libertaires et même républicaines qui y apparaissent. Dans *Itylus,* il peint l'inceste et le meurtre. Brillant versificateur, il abuse souvent de la rhétorique, mais son élégie en l'honneur de Baudelaire, *Ave atque vale,* est belle et émouvante. Swinburne est un poète prolixe, qui se plaisait à provoquer et qui suscita un commentaire ironique de la part de T.S. Eliot, dans *The Sacred Wood.*

**George Meredith** (1828-1905) écrivit des poèmes philosophiques, surtout à la fin de sa vie : *Modern Love* (1862), *Poems and lyrics of the joy of Earth* (1833) : l'homme est empêché d'atteindre la normalité (*common sense*) par sa bestialité et son sentimentalisme. Comment réconcilier la morale et la biologie ? L'ironie et l'émotion alternent, dans ces textes difficiles, à la forme compliquée.

**Thomas Hardy** (1840-1928) écrivit des poèmes quand sa carrière de romancier fut terminée : *Wessex Poems* (1898), *Poems of the Past and Present* (1902) et un long poème dramatique, alors que la mode en était passée : *The Dynasts* (1904-1908) où le pathétique et la cruauté de la vie sont les thèmes dominants.

## 1.5 Deux poètes catholiques

Des nombreux poètes de la fin du XIXe siècle se détachent encore : **Francis Thompson** (1859-1907), ami du poète Coventry Patmore, qui exprime ses tourments et sa foi dans *Poems* (1893). Les images sont belles, mais accumulations, répétitions (qu'il condamnait dans ses écrits critiques) et préciosité nuisent au dessein de l'œuvre. « The Hound of Heaven » est le plus connu de ses poèmes.

**Gerard Manley Hopkins** (1844-1889), jésuite, explora de nouvelles voies en poésie : il retourna aux sources anglo-saxonnes et inventa le *sprung rhythm* (voir encadré ci-après), qui donne souplesse et expression aux vers. Il explora, par ces rythmes, un vocabulaire très riche et des images surprenantes et magnifiques, et tenta d'exprimer une expérience mystique qui lui apportait illuminations et tourments. *The Wreck of the Deutschland* (1875), poème long et pathétique, est une exception : les poèmes de Hopkins sont courts, des sonnets pour la plupart, au rythme rapide, à la syntaxe hachée, entrecoupée de questions et d'exclamations comme :

> I caught this morning morning's minion, kindom of daylight's dauphin,
> dapple-dawn-drawn Falcon, in his riding.
>
> (*The Windhover,* 1918)

ou encore :

> But ah, but O thou terrible, why wouldst thou rude on me
> Thy wring-world right foot rock ? lay a lionlimb against me ? scan
> With darksome devouring eyes my bruised bones ? and fan,
> O in turns of tempest, me heaped there ; me frantic to avoid thee and flee ?
>
> (*Not, I'll not, carrion comfort...* 1885)

Ces poèmes restent souvent hermétiques mais fascinants ; la forme très moderne et tout à fait nouvelle était très en avance sur son époque. Son ami Robert Bridges, auteur de *The Testament of Beauty* (1929), les publia en 1918, après sa mort. Ses carnets, lettres et dessins ne furent connus que dans les années trente.

**_Le Sprung Rhythm_**

Il fut inventé par G.M. Hopkins et décrit dans la Préface qu'il écrivit pour ses poèmes. Il renoue avec la prosodie saxonne et moyen-anglaise (celle des ballades et de Chaucer). Il vise à conférer une unité organique au poème et se distingue du rythme ordinaire (*running rhythm*) : il suffit d'une syllabe forte pour former un pied, mais elle peut être suivie d'un nombre variable de syllabes faibles, généralement pas plus de quatre. Deux syllabes accentuées peuvent donc se suivre et former deux pieds. Les vers varient en longueur mais une compensation peut se faire ; contrepoints, inversions de rythme et enjambements (*run over*) ajoutent à la variété (comme en musique). La syntaxe se plie à la versification :

˘ ´ ´ ´ ˘ ˘ ´ ´ ´
The sour / scythe / cringe // and the blear / share / come (*The Wreck of the Deutschland*)

Hopkins parle aussi de « inscape » pour désigner la perception.

# 2. Le roman

Il domine la production littéraire du XIXe siècle : on peut distinguer trois grands mouvements. Une période de transition où se retrouvent des tendances du XVIIIe siècle : gothiques, domestiques, sentimentales, historiques, romantiques. Le milieu du siècle est davantage préoccupé par les problèmes sociaux et politiques posés par l'industrialisation et le développement de l'Empire. Des inquiétudes et des interrogations apparaissent à la fin du siècle et même pendant « l'été indien » édwardien. Les recherches diverses des romanciers annoncent le roman moderne.

Les conditions d'édition et de lecture ont évolué : de nombreux romans paraissent en feuilletons : les œuvres en trois volumes (*Three-deckers*) sont fréquentes, les lecteurs sont de plus en plus nombreux. La stature de Dickens domine la période ; parmi les romancières, Jane Austen, les sœurs Brontë, George Eliot sont les plus grandes.

## 2.1 Le roman gothique

Encore très en vogue, il subit les attaques de satiristes : **Thomas Love Peacock,** esprit classique, fin et cultivé, se moque plaisamment des excès du romantisme et des débordements de l'imaginaire dans *Melincourt* (1817) et *Nightmare Abbey* (1818). Jane Austen parodie Mrs Radcliffe dans *Northanger Abbey* (écrit en 1796-1798 et publié en 1818 seulement), mais ce sont surtout les jeunes lectrices, comme Catherine Morland, qu'elle critique : leur esprit est enfiévré et faussé par la lecture de ces romans.

## 2.2 Le roman historique

**Walter Scott,** son contemporain, est considéré comme le fondateur du genre, mais Maria Edgeworth avait déjà décrit la vie de l'Irlande ancienne dans *Castle Rackrent* (1800) ; l'inspiration de Scott est presque exclusivement écossaise mais il fit aussi des recherches en histoire médiévale, en négligeant l'influence de l'Eglise à cette époque. Ses besoins d'argent le poussèrent malheureusement à être prolixe. Outre des poèmes, il publia *Waverley* (1814) qui traite de la rébellion jacobite, encore présente dans la mémoire des vieux « Highlanders », *Guy Mannering* (1915), *The Antiquary* (1816), *The Heart of Midlothian* (1818), *Rob Roy* (1818), *Ivanhoe* (1819). Son imagination, la peinture réaliste des personnages et l'intérêt des décors le rendirent très populaire. *Kenilworth* est situé sous Elizabeth et Jacques Ier, *Quentin Durward* en France — grandes fresques, souvent superficielles, dont la compréhension par des gens simples et le goût du mystère expliquent les nombreux films tirés de ces livres ainsi que les récents feuilletons télévisés.

Le roman historique et l'influence « gothique » furent encore illustrés par V.H. Ainsworth (*Guy Fawkes,* 1841). Bulwer-Lytton avec notamment *Les Derniers Jours de Pompéi* (1834), Marryat avec *Midshipman Easy* (1836), Thackeray avec *Henry Esmond* (1852) ou Dickens, dont *A Tale of two Cities* (1859) est situé sous la Révolution française, font partie de cette tradition.

## 2.3 Les romans de Jane Austen (1775-1817)

Ils appartiennent encore au XVIIIe siècle par bien des aspects. On les a parfois appelés « romans domestiques », mais ils sont inclassables. Ils se fondent sur son expérience personnelle, son bon sens, son rejet de la sottise et de la prétention. Ses personnages appartiennent à la *gentry* et se meuvent dans un cercle d'intimes, dans leur milieu naturel, le Sud-Ouest de l'Angleterre, Bath, la campagne. Les rapports compliqués entre hommes et femmes y sont étudiés ainsi que les intrigues et les espoirs de groupes qui obéissent à des règles strictes et s'efforcent cependant d'être heureux. Une ironie subtile, le sens du comique animent ces œuvres précises, équilibrées, soigneusement écrites et souvent révisées. *Pride and Prejudice* (1796-98, publié en 1813), sans doute le plus populaire, *Sense and Sensibility* (1797-98, publié en 1811), *Mansfield Park* (1814), *Emma* (1815), *Persuasion* (1818) et des fragments de romans composent, avec ses lettres, l'ensemble de ses écrits. Plus classique qu'intégrée à son époque, son œuvre fut diversement appréciée : admirée de Walter Scott, elle fut vilipendée par Charlotte Brontë.

## 2.4 Le roman social de la première moitié du siècle

On songe tout d'abord à **Charles Dickens** (1812-1870). Il allia son expérience de la misère et des pauvres à un sens aigu du comique et de la caricature. Son goût du pathétique, son esprit chaleureux et tolérant sont à l'origine de « l'esprit de Noël » qui déborde des *Christmas Carols* et apparaît dans de nombreuses pages. S'il critiqua les injustices, la méchanceté et la bêtise, il resta dans les limites des conventions sociales et morales de son époque ; en cela il est pleinement « victorien ». Ses premiers écrits parurent en feuilleton : *Sketches by Boz* (1836) et *Pickwick Papers* (1836-37) sont des vignettes fantaisistes et drôles (on n'oublie plus l'inénarrable Mr Pickwick ni ses amis). *Oliver Twist* (1837-38) est un roman de l'enfance où le pathétique se mêle à l'évocation des bas-fonds ; c'est aussi le cas de *David Copperfield* (1850), plus autobiographique. *Nicholas Nickleby* (1838-39) a une intrigue mieux nouée et des accents satiriques. La petite Nell de *The Old Curiosity Shop* a fait beaucoup pleurer. *Bleak House* (1853) où la justice est critiquée et *Hard Times* (1854) où l'argent et la cupidité sont source de malheur, dans un décor industriel sinistre, marquent un changement de préoccupations : elles deviennent plus politiques et s'attaquent au « laissez-faire » en honneur au gouvernement. Avec *Great Expectations* (1860) — peut-être le plus beau des romans de Dickens avec son mélange de réalisme et de fantastique — et *Our Mutual Friend* (1864-65), ce sont les principales œuvres de Dickens. Toutes parurent d'abord en feuilletons et certaines donnèrent lieu à des lectures publiques par l'auteur.

Le style est composé de descriptions précises et évocatrices et de dialogues où les personnages usent de formules frappantes qui les font immédiatement reconnaître, comme le « my family » de Mrs Micawber, dans *David Copperfield.* La richesse du vocabulaire, les accumulations, oppositions ou, au contraire, stylisations extrêmes sont la marque de l'auteur. Le chant de la bouilloire dans *The Cricket on the Hearth* en est un exemple. Très populaire, très prolifique, Dickens souffrit peut-être de cette popularité auprès des critiques littéraires. Cependant son succès ne se dément pas ; ses romans furent illustrés de son vivant par Phiz et Cruikshank, filmés plus tard et encore aujourd'hui par les meilleurs réalisateurs (George Cukor, David Lean) ; enfin, une comédie musicale, *Oliver,* fut tirée d'*Oliver Twist.*

**Les revues et journaux**

La presse se développe avec l'abolition de taxes et le désir d'information. Parmi les nombreux périodiques qui publiaient des poèmes, des romans en feuilletons et de la critique, on peut citer : *The Gentleman's Magazine* (1731-1868) ; *The Edinburgh Review* (1802) où Francis Jeffrey démolit les romantiques ; *The Quarterly Review* (1809) dans lequel Scott écrivit ; *Blackwood's* (1817) qui attaqua Keats, mais eut, par ailleurs, une action stimulante ; *Fraser's* et *Punch* dans lesquels Thackeray écrivit. *Barry Lyndon, Sartor Resartus* et *Jane Eyre* parurent dans *Fraser's,* qui les lança. Dickens dirigea plusieurs revues dont *Household Words.* George Eliot et son mari S.H. Lewes écrivirent dans la *Westminster Review.*

**W.M. Thackeray** (1811-1863) fut journaliste et polygraphe (il écrivit pour *Punch* jusqu'en 1854), avant de composer le roman picaresque *The Luck of Barry Lyndon* (1844). Les vignettes qui forment *The Snobs of England* (1846-1847), publiées dans *Punch*, puis sous le titre *The Book of Snobs (by one of themselves),* montrent un humour caustique. Dans les romans qui suivirent, il fit la satire de la société qui l'entourait et de l'homme en général (*Vanity Fair : a Novel without a Hero*, 1848, et *The History of Pendennis,* 1850, en partie autobiographique). Le héros d'*Henry Esmond* (1852) est différent : bon et généreux ; dans *The Newcomes* (1853/1855), la satire s'adoucit. Thackeray fit des conférences sur les humoristes anglais du XVIIIe siècle et les quatre George qui montrent son intérêt pour cette période, pour Fielding et Sterne, en particulier. C'est un auteur complexe qui mêle le pathétique à l'ironie et dépeint des personnages souvent ambigus.

**Les droits de la femme**

*A Vindication of the Rights of Women* (1792), de Mary Wollstonecraft, est considéré comme le premier manifeste féministe, même si des auteurs comme Defoe ou Fielding s'étaient déjà exprimés à ce sujet. John Stuart Mill émet des opinions très modernes dans *The Subjection of Women* (1869). Tous deux attribuent la situation inférieure de la femme à une éducation déplorable ou inexistante. Meredith, Charlotte Brontë, George Eliot et beaucoup d'autres écrivains contribuèrent aux progrès dans ce domaine.

La réputation de **George Eliot** (pseudonyme de Mary Ann Evans) (1819-1880) souffrit sans doute d'une personnalité trop forte, surtout pour une femme. Il semble qu'elle ne soit pas encore appréciée à sa juste valeur. Son intelligence et son goût de l'abstraction (elle fut d'abord philosophe) rivalisaient avec son amour de la nature et du monde rural, sa sympathie pour les humains et sa sensibilité. *Adam Bede* (1859), *The Mill on the Floss* (1860) et le début de *Silas Marner : the Weaver of Raveloe* (1861) sont situés à la campagne. De l'un à l'autre, les progrès structurels sont nets. *Romola* (1863) est un roman historique italien tandis que *Felix Holt : the Radical* (1866) a pour toile de fond le mouvement pour les réformes. *Middlemarch : a Study of Provincial Life* (1871-1872) est une vaste fresque où se retrouvent les thèmes favoris de l'auteur. *Daniel Deronda* (1876) s'organise autour d'un héros juif. Tous ces romans posent des problèmes de conscience, de libre arbitre. Les dialogues vifs et réalistes (patoisants dans *The Mill on the Floss*), la prose ample et les thèmes abordés rendent cette œuvre forte et novatrice. *Félix Holt,* en particulier, s'inscrit dans ce courant de romans sociaux et politiques des *hungry forties*, où le chartisme et les réformes agitaient l'Angleterre.

## 2.5 Les Brontë

Thackeray soutint de son amitié Charlotte Brontë, Mrs Gaskell rédigea sa biographie (1857), mais aucune étude ne peut expliquer l'originalité et la valeur des romans des trois sœurs, filles de pasteur, vivant dans un village du Yorkshire. Elles écrivirent sous les pseudonymes de Currer, Ellis et Acton Bell. *Jane Eyre,* de Charlotte (1816-1855), et *Wuthering Heights,* seul roman d'Emily (1818-1848), parurent en 1847. Charlotte publia ensuite *Shirley* (1849), *Villette* (1853) ; *The Professor,* écrit en 1847, ne fut publié qu'en 1857. Anne (1820-1849) écrivit *Agnes-Grey* et *The Tenants of Wildfell Hall,* moins connu. Emily laissa de nombreux poèmes.

*Wuthering Heights,* sauvage, passionné et cruel, exerce un pouvoir étrange sur les lecteurs. Le style, sobre et poétique, la symbolique et les thèmes essentiels que ce livre contient (la passion, la mort) étonnent peut-être moins à la lecture des poèmes. Charlotte écrit avec davantage de réalisme, utilise des éléments autobiographiques et laisse transparaître une conception de la vie où la dignité et la raison n'empêchent ni les désirs, ni l'imagination romantique ou même « gothique ». Les trois sœurs écrivent une prose bien construite, nourrie de symboles et d'images qui donnent au sens sa profondeur.

## 2.6 Roman populaire, social et politique de la deuxième moitié du XIX^e siècle

L'intérêt pour les pauvres, les quartiers populaires des grandes villes, se manifeste dans la plupart des romans à la suite de ceux de Dickens, Thackeray ou Eliot. Pour certains, c'est la préoccupation principale, tristement symbolisée par la prison de Newgate : on a parlé de *Newgate Novels.* **Bulwer Lytton** et Charles Reade décrivent des vies de criminels, se soucient des conditions de vie des prisonniers et des aliénés ; **Mrs Gaskell,** dans *Mary Barton* (1848) et *Cranford* (1853), fait une étude sociale où domine l'intérêt pour les humbles. **Charles Kingsley** (1819-1875), membre du groupe des chrétiens socialistes, dans *Yeast : a Problem* (1848) et *Alton Locke : Taylor and Poet* (1850) montre que c'est par la religion et la création de coopératives que la vie des couches modestes sera améliorée ; mais il écrivit aussi des poèmes et des histoires : *Water Babies* (1863). **Disraeli,** avant de devenir Premier ministre, exprime ses idées sur la société dans *Coningsby or the New Generation* (1844), *Sybil or the Two Nations* (1845) et *Tancred* (1847), qui sont de bons romans, en même temps qu'un regard politique sur la situation.

**Pensée politique**

La controverse qui opposa Edmund Burke (1721-1797), *Reflections on the Revolution in France* (1790), à Mary Wollstonecraft et William Godwin eut des prolongements dans *The French Revolution* de Carlyle (1837), qui remarque la pression du passé récent et se montre pessimiste, ainsi que dans *History of England* (1849) de T.B. Macaulay, où l'auteur prend conscience de la place de l'Angleterre dans le temps et la géopolitique de son époque.
La pensée sociale se développe : la conscience d'un grand désordre et de la séparation de plus en plus nette entre riches et pauvres anime *Past and Present* de Carlyle, le principe des « deux nations » de Disraeli, tout comme les écrits de Charles Kingsley et des utopistes.

**Antony Troloppe** choisit le milieu ecclésiastique pour *The Last Chronicle of Barset* (1867), dont fait partie *Barchester Towers* (1857). La vie provinciale et la vie mondaine sont aussi décrites par des auteurs secondaires mais populaires, ce qui montre l'appétit de lecture des victoriens, leur désir de se regarder dans un miroir, de comprendre et aussi de progresser : l'autosatisfaction et l'hypocrisie qu'on leur a tant reprochées n'étaient pas leur seule caractéristique.

**Philosophie**

• Théorie « utilitaire » : **Jeremy Bentham** (1748-1832) fonda sa théorie sur des principes économiques ; l'initiative et l'intérêt individuels doivent être les moteurs de la vie sociale ; l'Etat doit intervenir le moins possible. Parmi ses disciples, le « benthamite » **John Stuart Mill,** auteur de *Principles of political Economy* (1848).
• La théorie évolutionniste (Darwin, *The Origin of Species,* 1859) implique que le progrès soit dirigé par la science (attitude positiviste).
Ces deux théories conduisent à une politique de « laissez-faire » défendue par Walter Bagehot et Herbert Spencer. En littérature, cela conduit à deux attitudes opposées : optimiste et individualisme, ou pessimisme et désir d'action sociale.

L'opposition entre science et religion, conformisme religieux et mysticisme inspira aussi les romanciers. Le renouveau catholique inspira les cardinaux Newman et Wiseman. Mrs Humphry Ward, dans *Robert Elsmere* (1888) s'interroge sur les effets de la critique scientifique sur les Ecritures. **Samuel Butler** dénonce l'hypocrisie de la hiérarchie religieuse et l'oppression des jeunes dans *The Way of All Flesh* (1903).

## 2.7 Les derniers victoriens : les édwardiens

**George Meredith** fut moins populaire. Il écrivit des poèmes dont les thèmes se retrouvent dans ses romans et se mêlent à l'analyse intellectuelle ; ils plurent à un cercle restreint. Il explora la vie intérieure et les possibilités de libre arbitre de ses héros. Dans la vie sociale de son temps, l'étroitesse et la médiocrité surtout le révoltaient, comme en témoignent *The Ordeal of Richard Feverel* (1859) où il critique aussi les méthodes éducatives, et *The Egoist* (1879). Il fit des études remarquables de la formation des caractères d'hommes et de femmes jeunes : Richard Feverel, Evan Harrington (1861) et Harry Richmond (1871) ; Rhoda Fleming (1865), Vittoria (1867) et Diana of the Crossways (1885), dans les romans des mêmes noms. L'humour, le cœur, l'intelligence et une pointe de romantisme rendent ces études complexes et attachantes. Voici Richard Feverel au milieu de l'orage :

> Alone there — sole human creature among the grandeur and mysteries of the storm — he felt the representative of his kind, and his spirit rose, and marched, and exulted, let it be glory let it be ruin !
>
> (*The Ordeal of Richard Feverel,* chap. 42)

**Thomas Hardy** (1840-1928) décrit la campagne et les antiques coutumes du Wessex où il était né et avait vécu la plus grande partie de sa vie. À partir de 1871, il publia de nombreux romans, bien construits, dont *Far from the Madding Crowd* (1874), *The Mayor of Casterbridge* (1886), *Tess of the d'Uberville* (1891). L'insuccès de *Jude the Obscure* (1896) le fit se réfugier dans la poésie. Le destin semble accabler ses personnages voués à l'échec : le bonheur leur est impossible à cause d'un défaut de caractère ou d'une faute initiale, que les circonstances transforment en tragédie :

> The best tragedy — highest tragedy in short — is that of the worthy encompassed by the inevitable.
>
> (*Essays, Notes and Letters*)

Le déterminisme, tiré des théories de Darwin, l'absence de foi chrétienne, une vision pessimiste de la société à la fin de l'ère victorienne ne laissent aucune échappatoire à des personnages qui semblent parfois privés de liberté. La nature elle-même est belle mais hostile : seule demeure la compassion et pourtant, paradoxalement, on ne peut trouver de repos que loin des villes. La sincérité, le pathétique, la rigueur du style de Hardy, ainsi que l'évocation d'un monde rural en voie de disparition ont plu à des générations de lecteurs, mais l'architecture trop maîtrisée et le pessimisme systématique ont souvent déplu.

**George Gissing** (1857-1903) utilisa son expérience de la souffrance et sa connaissance des milieux pauvres d'une manière réaliste et même naturaliste, à la manière de Zola. Il dénonça l'injustice et la prétention à la manière de Dickens, qu'il admirait, mais avec un détachement ironique, une amertume qui sont bien différents. *New Grub Street* (1891) décrit son travail de « nègre » littéraire ; *Demos : a Story of English Socialism* (1886) et *Born in Exile* (1892) montrent qu'on ne peut échapper à la pauvreté. Dans *The Private Papers of Henry Ryecroft* (publié en 1903), Gissing prouve qu'il pouvait aborder les sujets culturels et littéraires plus sereinement.

Meredith, Hardy et Gissing s'apparentent par la critique sociale et la prédominance du message, mais la fin du siècle est plutôt marquée par un éparpillement des tendances et la recherche de nouvelles pistes.

*Erewhon,* de **Samuel Butler** (1835-1902), ainsi que sa suite *Erewhon Revisited* (1872-1901) sont des utopies où l'auteur, après avoir inversé les usages et ridiculisé les mœurs du pays imaginaire d'une manière swiftienne (la loi punit les malades et on fait soigner les criminels), conseille d'user d'esprit critique en toutes circonstances. *The Way of all Flesh* est une critique sociale fine et féroce qui reflète les griefs personnels de l'auteur. **William Morris** publia *A Dream of John Bale* (1888) et *News from Nowhere* (1891) ; ces utopies se situent dans un temps imaginaire. *The Race of the Future* (1871), de Bulwer Lytton, projette l'humanité dans un avenir généralement meilleur. C'est aussi ce que fait **H.G. Wells** (1866-1946) dans *The Time Machine* (1895), *The War of the Worlds* (1898), *The first Men on the Moon* (1901), *A modern Utopia* (1905) entre autres. Il écrivit aussi des études de la société de son époque, comme *Kipps* (1905) et *Tono-Bungay* (1909). Les œuvres de Wells, *The Invisible Man* (1897) ou de Du Maurier, *The Martian* (1898), sont à l'origine de la science-fiction.

**La nouvelle**

Forme courte, adaptée à un public moderne et curieux, elle se concentre sur un élément unique, ne retient que les traits significatifs et se construit souvent à partir de contrastes ; la fin est souvent construite sur un effet de surprise. Walter Scott est l'un des pionniers ; puis le genre fleurit en Amérique, avec Irving, Poe et un groupe important à la fin du XIX<sup>e</sup> siècle dont Henry James. Gogol, Tchekhov et Tolstoï eurent une grande influence sur son développement, Maupassant et Mérimée également, tout comme Conrad, Stevenson et Kipling en Angleterre. Au XX<sup>e</sup> siècle, la nouvelle connaît un immense succès.

L'exotisme et l'aventure sont aussi un « ailleurs » : **R.L. Stevenson** dans *Treasure Island* (1813) et *The Master of Ballantrae* (1889) dépayse les lecteurs, souvent très jeunes ; *Dr Jekyll and Mr Hyde* (1886) allie à l'étrange un constat sur le bien et le mal : il est impossible de porter un jugement moral. **Rudyard Kipling** emmène ses lecteurs en Inde avec *The Jungle Book* (1894-1895) et *Kim* (1901), dans le monde des fées avec *Puck of Pook's Hill* (1906), mais il est aussi le chantre de l'Empire, surtout dans ses poèmes. **Joseph Conrad** étudie les profondeurs du moi dans le cadre d'aventures maritimes ou africaines, dans *The Nigger of the Narcissus* (1897), *Lord Jim* (1900), *Typhoon* (1903), *Nostromo* (1904) entre autres. Le voyage est à la fois un événement et une recherche symbolique d'identité.

Kipling, Conrad et Henry James sont parmi les fondateurs de la nouvelle où ces conteurs excellent : Kipling avec *Plain Tales from the Hills, Stalky and Company* et *Just so Stories,* Conrad, pour les plus courts de ses récits et James avec *The Aspern Papers* (1888). *The Adventures of Sherlock Holmes* (1891/1927) et *The Exploits of Brigadier Gerard,* de Sir Arthur Conan Doyle, sont des suites de nouvelles, mais leur popularité a aussi rendu à la mode le genre policier, déjà lancé par Wilkie Collins (*The Woman in White,* 1860) et Le Fanu, avec ses histoires macabres de sorcellerie, dans les années 1860.

## 2.8 La réaction esthétique : l'art pour l'art

Après les préraphaélites, qui plaçaient l'art au-dessus de la morale et de la politique, après les recherches psychologiques et stylistiques d'un Meredith influencé par Ruskin, l'esthétisme se développe en littérature : comme « l'art pour l'art » et le naturalisme en France, c'est une réaction contre l'industrialisation, l'envahissement des préoccupations sociales et l'ordre moral. **George Moore** (1853-1933) est un artiste très conscient, au talent très varié (*Confessions of a Young Man,* 1888) : Esther Waters est naturaliste. **Walter Pater** cherche à exploiter les expériences rares et précieuses de la vie :

> While all melts under our feet, we may well grasp at any exquisite passion, or any contribution to knowledge that seems by a lifted horizon to set the spirit free for a moment, or any stirring of the senses, strange dyes, strange colours, and curious odours, or the work of the artist's hands, or the face of one's friend.
>
> (*Studies in the History of the Renaissance*).

Le roman *Marius the Epicurean* (1885), d'une grande beauté formelle, conduit cette recherche à une impasse : il est statique et étranger à la réalité. L'unique roman d'**Oscar Wilde,** *The Portrait of Dorian Gray* (1891) et ses contes sont dans la même mouvance.

**Culture et beaux arts**

William Morris établit l'unité entre arts et techniques, dans l'ensemble de son œuvre. John Ruskin (1819-1900) y insiste également dans *Into this Last* (1960-1962). L'art pour l'art, au contraire, isole l'artiste. Matthew Arnold, dans *Culture and Anarchy* (1869), conseille d'utiliser le passé pour faciliter les progrès futurs ; il insiste sur la confusion présente et s'interroge sur le rôle du poète.

Enfin la fantaisie et même le non-sens *(nonsense)* ont, après Edward Lear et la vogue des *Limericks,* inspiré **Lewis Caroll** (1832-1898), mathématicien, auteur de livres pour enfants : *Alice'Adventures in Wonderland,* publié en 1865 et sa suite, *Through the Looking-Glass* (1871) puis *Sylvia and Bruno* (1889). La qualité onirique d'*Alice* est renforcée par les illustrations précises et déroutantes de Tenniel ; les ambiguïtés du langage, l'inversion de la logique composent un monde où la versatilité des enfants se meut à l'aise et qui rend perplexes les adultes.

**Jerome K. Jerome** (1859-1927), célèbre pour *Three Men in a Boat* (1889), amuse par des anecdotes cocasses et un humour qui va de la finesse à la vulgarité. Il écrivit aussi des pièces de théâtre comme **James Barrie** (1861-1937), auteur de charmants romans de l'enfance, au village imaginaire de Thrums (*A Window in Thrums,* 1889).

**Le non-sens**

**Edward Lear** (1812-1888) publia *A Book of Nonsense* (1846, augmenté en 1861), puis des poèmes et des chansons : le rire se mêle à l'ironie, la rime est stricte, le choix des associations de mots arbitraire (certains mots sont inventés). Lear suit la tradition des ballades et des *Limericks* : 5 vers rimant aa, bb, a.

There was on Old person of Spain
Who hated all trouble and pain
So he sat on a chair
With his feet in the air
That umbrageous Old person of Spain

## 2.9 La prose non romanesque

Elle fut très variée au XIXe siècle : critique littéraire et artistique, philosophie, essais, ouvrages religieux et scientifiques. Parmi ceux qui ont un grand intérêt littéraire :

**Charles Lamb** (1775-1834) écrivit *Essays of Elia* (1823) et *Last Essays* (1833) ; Elia s'y confesse avec humour, dans un style assez recherché. Les passages de critique littéraire sont fins ; Lamb y apprécie Shakespeare et ses propres contemporains, comme Wordsworth. **William Hazlitt** fit œuvre de critique dans *The Spirit of the Age* (1825) où il traite des écrivains et des peintres de son temps ; *Charaters of Shakespeare's Plays* (1871), *Lectures on the English Poets* (1818), *Lectures on the English Comic Writers* (1819) font encore autorité. Ses jugements sont personnels et tranchés. **Leigh Hunt,** qui était aussi poète, reconnut la valeur de Shelley et de Keats (*Autobiography,* 1850).

**Walter Savage Landor** s'est placé en dehors des grands courants de son époque, dans ses poèmes comme dans *Imaginary Conversations* (1824-1829) qui révèlent l'étendue de sa culture et son habileté verbale. **William Cobbett** (1763-1835) décrit l'Angleterre qu'il aimait dans *Rural Rides* (1830), toujours lu avec plaisir. Enfin **Thomas de Quincey** (1785-1859) décrit les effets de l'opium dans une prose poétique : *Confessions of an English Opium Eater* (1821).

> O just, subtle, and all-conquering opium ! that, to the hearts of rich and poor alike, for the wounds that will never heal, and for the pangs of grief that « tempt the spirit to rebel », bringest anassuaging balm ; — eloquent opium !
>
> (part II)

Dans la production très riche du XIXe siècle, on peut distinguer de plus en plus nettement des œuvres distrayantes, faites pour charmer des loisirs qui vont se développant : certaines ont des mérites littéraires, d'autres sont maintenant oubliées. Rider Haggard ou Edgar Wallace, jadis très populaires, ne sont plus appréciés. D'autres auteurs, plus difficiles, touchent des groupes restreints. Pourtant, si la popularité n'est pas un critère littéraire, elle ne peut être complètement négligée.

# 3. Le théâtre

## 3.1 Eclipse du théâtre jusqu'à la fin du XIXe siècle

A la fin du XVIIIe siècle, il n'y a plus de grandes œuvres : les revues, les divertissements à grand spectacle se multiplient, les reprises aussi ; on vient voir des acteurs célèbres, on compare les interprétations. Les poètes romantiques, au début du XIXe, écrivent des drames lyriques destinés à la lecture plutôt qu'à la scène, comme le *Manfred* de Byron, influencé par Goethe (1817) ou *The Cenci,* de Shelley (1820). Ce théâtre n'a plus de lien avec la société de l'époque, contrairement aux comédies de manières ou sentimentales ou aux tragédies domestiques précédentes. **T.W. Robertson** s'efforce de se rapprocher du public en véritable homme de théâtre : *David Garrick* (1864) mais surtout *Caste* (1867) ont une action et des personnages convaincants sur scène. En ce milieu du siècle, les pièces d'Ibsen éclipsent toute production anglaise, mais sans influencer directement les auteurs sauf G.B. Shaw. **H.A. Jones** et **A.W. Pinero,** avec *The Second Mrs Tanqueray* (1893), ont un grand succès. Techniquement capables, ils ont le sens du public et du commerce. Il faut aussi mentionner les opérettes de Gilbert et Sullivan, gaies et enlevées et qui plurent énormément.

## 3.2 Le retour à un théâtre de valeur

Au tournant du siècle, quatre dramaturges irlandais renouvelèrent le théâtre. **Oscar Wilde** est l'auteur de quatre comédies brillantes : *Lady Windermere's Fan* (1892), *A Woman of no Importance* (1893), *An Ideal Husband* (1895) et *The Importance of Being Earnest* (1895). Secrets découverts, rebondissements, dialogues concis et spirituels ont assuré à ces pièces un succès durable ; leur style rappelle le brio des comédies de la Restauration, mais sous un habit plus convenable. Wilde écrivit aussi un drame poétique en français, *Salomé,* publié en 1894.

**George Bernard Shaw** (1856-1950) eut une longue carrière théâtrale : 1892-1939. Très cultivé, il connaissait bien les traditions et les techniques du théâtre, comme le prouvent ses critiques dramatiques dans des périodiques et *The Quintessence of Ibsenism* (1901). Admirateur du satiriste Samuel Butler et socialiste convaincu (il fut cofondateur de la société fabienne en 1884), il attaqua les conventions sociales, religieuses et politiques et défendit ses thèses au moyen de l'ironie dramatique : inversion des stéréotypes, situations inédites (le héros-mercenaire, dans *The Hero and the Soldier*, 1894). Le souci de l'intrigue — dont l'organisation varie selon les pièces — et de la démonstration prévaut sur l'indépendance des personnages, mais la virtuosité verbale emporte l'adhésion. *Plays Pleasant and Unpleasant,* publié en 1898, regroupe d'une part les pièces qui traitent de problèmes d'actualité et d'autre part celles qui vont à contre-courant et sont susceptibles de choquer. Parmi ces pièces et d'autres, plus tardives, on peut citer : *Candida* (1895), *Man and Superman* (1905), *Major Barbara* (1911), *Androcles and the Lion* (1912), *Pygmalion* (1916) transformé en comédie musicale avec *My Fair Lady.* Après la guerre, *Saint Joan* (1923) et de nombreuses autres pièces sont souvent reprises et continuent à avoir du succès, même si certains thèmes ont vieilli et si le goût a changé. Le style et la maîtrise de Shaw ont beaucoup apporté au théâtre et le questionnement inlassable des valeurs a un goût de modernité.

**W.B. Yeats** (1865-1939), cofondateur du Théâtre National Irlandais, le Théâtre de l'Abbaye, reprit des thèmes du folklore irlandais dans des pièces poétiques : *The Countess Cathleen* (1892), *The Land of Heart's Desire* (1894).

**J.M. Synge** (1871-1909) s'inspira de la rude existence des paysans irlandais. Les traits de caractère apparaissent grâce à des trouvailles verbales. Yeats admirait l'auteur de *The Playboy of the Western World* (1907) pour avoir montré sur scène l'imagination débridée et le génie de l'Irlande. *Riders to the Sea* fut joué en 1904 et *Deirdre of the Sorrows* en 1910, après sa mort. Son œuvre diffère totalement de celle de Shaw à qui on reprocha de ne pas traiter de sujets spécifiquement irlandais.

# CHRONOLOGIE : DE 1798 À 1910

| Politique et Société | Littérature - Histoire des idées |
|---|---|
| | **1802 :** début de *The Edinburgh Review.* |
| **1805 :** Trafalgar. | |
| | **1809 :** *The Quarterly Review.* |
| **1811 :** émeutes « luddites ». | |
| | **1812 :** Byron, *Childe Harold.* |
| | **1813 :** Jane Austen, *Pride and Prejudice.* |
| | **1814 :** Walter Scott, *Waverley.* |
| **1815 :** Waterloo. | |
| | **1816 :** Coleridge, *Kubla Khan, Christabel.*<br>- Shelley, *Alastor.*<br>- Jane Austen, *Emma.* |
| | **1817 :** Coleridge, *Biographia Literaria.*<br>- mort de Jane Austen. |
| **1819 :** massacre de Peterloo. | **1819 :** Byron, *Don Juan.* |
| | **1820 :** Shelley, *Prometheus Unbound, The Cenci.*<br>- Keats : plusieurs poèmes.<br>- W. Scott, *Ivanhoe.*<br>- Lamb : début de *Essays of Elia.* |
| | **1821 :** De Quincey, *Confessions of an English Opium Eater.*<br>- mort de Keats. |
| | **1822 :** mort de Shelley. |
| | **1824 :** mort de Byron. |
| | **1827 :** mort de Blake ; Clare, *The Shepherd's Calendar.* |
| **1828 :** abrogation du *Test Act* (tolérance accrue). | |
| **1830 :** Guillaume IV. | |
| **1832 :** *Reform Bill.* | **1832 :** Tennyson, *Poems.* |
| **1833 :** esclavage aboli dans les colonies britanniques. | |
| | **1836 :** Dickens, *The Pickwick Papers.* |
| **1837 :** Victoria, reine. | **1837 :** Carlisle, *The French Revolution.* |
| | **1841 :** fondation de *Punch.* |
| **1842 :** manifestation chartiste à Londres. | |
| | **1846 :** Ruskin, *Modern Painters* (1re partie). |

| Politique et Société | Littérature - Histoire des idées |
|---|---|
| | **1847 :** Charlotte Brontë, *Jane Eyre.*<br>- Emily Brontë, *Wuthering Heights.*<br>- Anne Brontë, *Agnes Grey.*<br>- Thackeray, *Vanity Fair.* |
| **1848 :** La République est instaurée en France.<br>- mouvements révolutionnaires en Europe. | |
| | **1850 :** Tennyson, *In Memoriam.*<br>- Dickens, *David Copperfield.*<br>**1851 :** E. Gaskell, *Cranford.*<br>**1855 :** Browning, *Men and Women.*<br>**1859 :** George Eliot, *Adam Bede.*<br>- Darwin, *The Origin of Species.*<br>- J. Stuart Mill, *On Liberty.* |
| **1861 :** guerre de Sécession. | **1861 :** Dickens, *Great Expectations.*<br>**1864 :** J.H. Newman, *Apologia pro Vita Sua.* |
| **1865 :** assassinat de Lincoln.<br>- Fin de la guerre civile américaine. | |
| | **1866 :** Swinburne, *Poems and Ballads.* |
| **1868 :** fin du ministère Gladstone.<br>Disraeli premier ministre. | |
| | **1870 :** D.G. Rossetti, *Poems.*<br>- mort de Dickens.<br>**1874 :** Hardy, *Far from the Madding Crowd.* |
| **1879 :** guerre des Zoulous. | **1879 :** Meredith, *The Egoist.*<br>**1881 :** Henry James, *Portrait of a Lady.* |
| **1887 :** jubilé d'or de la reine Victoria. | |
| **1891 :** fondation du parti travailliste. | **1889 :** Yeats, *The Wanderings of Oisin.*<br>**1891 :** Hardy, *Tess of the d'Urberville.*<br>- Gissing, *New Grub Street.*<br>**1895 :** H.G. Wells, *The Time Machine.*<br>**1896 :** William Morris, *Works.* |
| **1897 :** jubilé de diamant de la reine.<br>**1899 :** guerre des Boers (fin en 1902). | **1899 :** O. Wilde, *The Importance of Being Earnest.* |
| **1900 :** Commonwealth d'Australie.<br>**1901 :** Edward VII roi. | **1900 :** Conrad, *Lord Jim.* |
| | **1903 :** S. Butler, *The Way of All Flesh.*<br>- G.B. Shaw, *Man and Superman.*<br>**1907 :** J.M. Synge, *The Playboy of the Western World.*<br>**1908 :** Arnod Bennett, *The Old Wives' Tale.*<br>**1910 :** E.M. Forster, *Howards Ends.* |

# 6

# LE XX^e^ SIÈCLE, 1910-1980

Au vingtième siècle, le foisonnement et la diffusion plus rapide des œuvres, ainsi que le manque de recul rendent tout classement hasardeux. L'influence réciproque des littératures de langue anglaise : britannique, américaine et des autres pays anglophones, déjà sensible au siècle précédent, rend difficile leur traitement séparé. On peut cependant distinguer trois périodes : jusqu'à la Seconde Guerre mondiale, de 1945 à 1960, et quelques jalons pour la période toute récente.

**Le climat artistique du début du siècle**

Le règne de George IV débuta par une agitation sociale et politique. Dans les arts, la peinture post-impressionniste, les ballets de Diaghilev, la musique de Stravinski expriment des besoins nouveaux. Proust, le théâtre et le roman russes, les théories de Freud influencent la littérature anglaise : pour les poètes « georgiens », il faut repenser les formes littéraires. Il n'y a pas de rejet du passé ; les mythes et auteurs anciens peuvent aider à ordonner le chaos, mais il ne peut y avoir d'imitation sans réflexion. Pour le « modernisme », la complexité de la vie moderne, son caractère précaire doivent se refléter dans les arts, d'où l'importance des moments de vision (épiphanies) et de l'implicite.

1910 à 1930 sont des années riches et mouvementées. Les poètes « imagistes » veulent rendre le familier étrange. Le futurisme italien fait des adeptes, le cubisme, le « vorticisme » affectent la peinture et la poésie, autour de Windham Lewis — T.S. Eliot en appréciait la force et le mouvement tourbillonnaires (Vortex). Le magazine *Blast* (1914-1918), dirigé par Ezra Pound et Windham Lewis, incluait des textes de Joyce et d'Eliot.

# 1. La poésie

Les années 20 sont dominées par Yeats et Eliot, et autour de 1930 par Auden. Dylan Thomas est le plus remarquable dans les années 50 et Ted Hughes à partir de 1970. Ce classement est arbitraire, à cause de la diversité des talents et de l'originalité fondamentale des grands poètes.

## 1.1 Une période de transition

Pendant cette période, un groupe de poètes s'inspira de la tradition romantique et victorienne : leurs vers furent publiés dans les *Georgian Anthologies* et vendus dans la librairie d'Henry Monro : leur style trop mélodieux et leur manque de vigueur leur furent reprochés. Le plus connu d'entre eux est **Rupert Brooke** (1887-1915) ; *Poems* date de 1911 et *1914 and other poems* de 1915. Il voyait la guerre comme pure et héroïque.

D'autres poètes furent marqués par la guerre : **Isaac Rosenberg** (1890-1918), **Siegfried Sassoon** (1886-1967) et **Wilfrid Owen** (1893-1918) dénoncent l'horreur des armes et des ruines. **Edmund Blunden** (1896-1974), **Herbert Read** (1893-1968), **Robert Graves** (1895-1985) ont écrit leurs premiers poèmes pendant la Première Guerre mondiale :

Listless
I felt the storm about me ; its force
too strong to beat against ; in its swirl
I spread my sapling arms, tossed on its swell.

(R. Graves)

I rose, I ran, I down the dark world sped
till death fell round me like rain of steel
and hope and faith and love coiled in my inmost cell.

(Herbert Read, « Meditation of the waking English Officer »)

Le poète lauréat **John Masefield** passa de la poésie lyrique (*Salt Water Ballads*, 1902) à un style très réaliste dans *The Everlasting Mercy* (1911) et *The Widow in the Bye-Street* (1912) ; ses métaphores préférées viennent de la mer et de la chasse à courre. **Walter de la Mare** (1873-1956) se démarqua des controverses sur la poésie pour décrire un monde mélodique et mystérieux :

Thick draws the dark
And spark by spark,

The frost-fires kindle, and soon
Over that sea of frozen foam
Floats the white moon.

(extrait de « Winter »)

## 1.2 La réaction anti-romantique

Certains poètes se sont démarqués de la tradition romantique. L'influence d'**Ezra Pound**, poète américain émigré, qui fonda le mouvement « imagiste » à Londres, en 1914, fut déterminante (T. E. Hulme, qui influença T. S. Eliot, en faisait partie) ; ce groupe de poètes voulait de nouveaux rythmes, des images frappantes. La publication de *Prufrock* de **T. S. Eliot** (1888-1965), en 1917, fut une véritable révolution : à la fois satirique et dramatique, ce poème expérimente de nouveaux rythmes. *The Waste Land* (1922) est un exemple manifeste de la nouvelle poésie : tous les registres, toutes les cultures sont mises à contribution pour faire le diagnostic de la civilisation occidentale détruite et regretter le manque de spiritualité du monde moderne. *Poem* (1925) en vers libres, très souples, est de la même inspiration :

This is the dead land
This is cactus land
Here the stone images
Are raised, here they receive
The supplications of a dead man's hand
Under the twinkle of a fading star.

(extrait de « The Hollow Men »)

Après son adhésion à l'église anglicane, Eliot écrivit « Journey of the Magi » et « Sweeny Agonistes » (1932), « Ash Wednesday » (1930) où le doute alterne avec la révélation. *Four Quartets* (publiés ensemble en 1943) sont méditatifs. « Burnt Norton » et « East Coker » sont émotionnels, parlent de la campagne, du village ; « The Dry Salvages » de sa vie en Amérique, « Little Gidding » de la guerre. De ces expériences, des combats passés et présents, la réconciliation et la paix peuvent naître.

Ces poèmes sont rendus difficiles par l'intertextualité, la concision d'un style parfois elliptique ou la syntaxe compliquée. Ils peuvent être lus à plusieurs niveaux : intellectuellement, avec les notes, commentaires et interprétations disponibles, mais aussi en laissant aller son imagination et en cédant à la magie des vers. Voici un passage très accessible de « Preludes » :

The Winter evening settles down
With smells of steaks in passageways.
Six o'clock.
The burnt-out ends of smoky days.
And now a gusty shower wraps
The grimy scraps
Of withered leaves about your feet
And newspapers from vacant lots ;

Eliot eut une grande influence, comme poète et comme critique.

**Edith** et **Sacheverell Sitwell** furent aussi des poètes intellectuels passionnés de prouesses verbales : *Façade* (1922), *The Canticle of the Rose* (1949) d'Edith.

**W. B. Yeats** (1865-1939) fut à l'origine du renouveau poétique et théâtral en Irlande. Les antiques légendes celtes et la métaphysique (influence de Blake et de Swedenborg) furent ses principales sources d'inspiration. Images et rythmes sont d'une beauté étrange, dans un monde qui semblait à d'autres chaotique et en voie de destruction. *The Wanderings of Oisin* (1889) est romantique, comme « The Lake Isle of Innisfree ». *Sailing to Byzantium* est plus philosophique. Les poèmes de la maturité sont plus proches du réel, mais d'une maîtrise et d'une beauté extraordinaires. *The Wild Swans at Coole* (1919), *The Tower* (1928), *The Winding Stair* (1933).

I will arise and go now, and go to Innisfree,
And a small cabin build there, of clay and wattles made ;
Nine bean-rows will I have there, a hive for the honey-bee,
And live alone in the bee-loud glade.

(« The Lake Isle of Innisfree »)

Autour de **W. H. Auden** (1907-1973), des poètes engagés consacrèrent leur talent à cerner les problèmes politiques et sociaux, pendant la « grande dépression » : **C. D. Lewis** (1904-1972), **Louis Mac Neice** (1917-1963) **Stephen Spender** (né en 1909). Ils exprimèrent leur exaspération. Hopkins, Eliot les inspiraient, ainsi que Marx et Freud. Ils recherchaient des relations humaines plus authentiques. La guerre d'Espagne, aux côtés des républicains, fut pour eux une cause héroïque où investir leur générosité. Mais quand *Collected Poems* (1945) parut, Auden avait changé de philosophie : il était devenu humaniste, puis chrétien en 1941 ; en 1939, il était parti aux Etats-Unis. Il révisa certains poèmes (comme *In Memory of W. B. Yeats*, publié en 1940 et revu en 1966) et écrivit dans un nouveau style, lyrique, mêlé d'ironie : *Another Time* (1940), *Nones* (1952), *City without Walls* (1969). Voici un exemple où cohabitent la désinvolture et le sérieux, avec des niveaux de vocabulaire différents :

It's no use raising a shout.
No, Honey, you can cut that right out.
I don't want any more hugs ;
Make some fresh tea, fetch me some rugs.
Here I am, here are you :
But what does it mean ? What are we going to do ?

(1940)

## 1.3 L'après-guerre

D'une manière générale, les poètes engagés continuèrent à produire après 1945, souvent avec une orientation différente ; mais en même temps, de nouveaux auteurs recherchèrent, dans la musique des vers, dans la libération de la sensualité et de l'imaginaire, les thèmes essentiels et une autre source d'inspiration : les Ecossais **Hugh MacDiarmid** (1892-1978) et **Edwin Muir** (*Collected Poems*, 1952) et surtout **Dylan Thomas** (1914-1953), le Gallois devenu légendaire, avec sa vitalité, sa belle voix et son non-conformisme. Ses vers sont énigmatiques, avec un lyrisme et des images très personnelles.

And death shall have no dominion.
Dead men naked they shall be one
With the man in the wind and the west moon ;
When their bones are picked clean and the clean bones gone
They shall have stars at elbow and foot ;
Though they go mad they shall be sane,
Though they sink through the sea they shall rise again ;
Though lovers be lost love shall not ;
And death shall have no dominion.

(*Collected Poems*, 1934-1952)

Les poètes du « Mouvement » se sont ressourcés dans la tradition, surtout formelle, avec une certaine distinction de « *gentility* » (ce terme sera utilisé contre eux par le « Groupe »). En 1956 parut l'anthologie *New Lines*. **Philip Larkin** (1922-1985) et **John Betjeman** (1906-1984) en ont fait partie. Philip Larkin, de tendance classique, utilise une prosodie simple et un vocabulaire quotidien. (*The North Ship*, 1945, *High Windows*, 1974). Les poètes écossais, gallois, comme R. S. Thomas, et irlandais, comme **Seamus Heany** (né en 1939), trouvent leur inspiration dans la vie rurale, la religion ou les mythes fondateurs.

Au « Mouvement » s'oppose le « Groupe », plus proche de l'avant-garde, enraciné dans les réalités contemporaines, proches des « teddy boys », de la musique pop et de l'op'art. **Thom Gunn** (né en 1929), après avoir été membre du « Mouvement » se rapprocha du « Groupe » par la violence de ses thèmes : *Fighting Terms* (1954), *The Sense of Movement* (1957), *Touch* (1967) ; vivant aujourd'hui en Amérique, son écriture est influencée par celle de ses confrères américains.

L'anthologie *The Mersey Sound* (1967) a publié des auteurs du « Groupe » et de la région de Liverpool, Roger MacGough, Adrian Henri, Brian Pattern entre autres ; le *Penguin Modern Poets 10* leur est entièrement consacré.

Comme plusieurs poètes de l'après-guerre (ceux du « Groupe » notamment) **Ted Hughes** (né en 1930) est fasciné par la violence et les rapports de force, en particulier dans le monde animal, et la guerre ; il chante l'héroïsme, la vie, la mort. Ses principales œuvres sont *The Hawk in the Rain* (1957), *Lupercal* (1960), *Crow* (1970), *Selected Poems* (1957-1967, puis 1972). Il décrit des moments forts, intemporels, comme cette vision des chevaux :

...Huge in the dense grey— two together—
Megalith still they breathed, making no move,
With draped manes and tilted hind-hooves,
Making no sound.
I passed : not one snorted or jerked its head.
Grey silent fragments
Of a grey silent world...

(*The Hawk in the Rain*)

Sa femme, américaine, Sylvia Plath (1932-1964) écrivit des vers délicats et angoissés (*Colossus*).

La poésie des années 50-60 (entre autres, Herbert Read et Edmund Blunden) intéresse un public restreint, plutôt intellectuel, qui doit faire un effort (gratifiant cependant) pour en décrypter le contenu. Le « Mouvement » apporta tradition et simplicité, mais on lui a reproché son manque de force et d'originalité. Les poètes plus récents d'après 68 traduisent la violence, l'insécurité, l'impression de chaos qu'ils trouvent dans la réalité contemporaine, en utilisant tous les mètres et tous les mots à leur disposition, en expérimentant. Ils sont souvent attachés à des lieux, mais en même temps très ouverts au monde.

# 2. Le roman

## 2.1 1910-1945

Après les attitudes anti-victoriennes et les recherches dans diverses directions de l'époque édwardienne, l'année 1910 marque un changement vers le modernisme qui affecta les auteurs à des degrés divers et reste encore influent.

**Réalisme et formalisme**

Certains continuent dans les voies déjà tracées du réalisme ou du formalisme ; ce sont des personnalités engagées dans la vie politique ou sociale, souvent cosmopolites. **John Galsworthy** (1867-1933) fit une fresque des classes moyennes aisées dans *The Forsyte Saga*, dont le premier livre, *The Man of Property*, parut en 1906 ; cette étude de mœurs, qui s'étale sur plusieurs générations, commença sur le mode satirique, mais une sympathie croissante pour les modèles se manifeste dans les livres suivants.

**Ford Madox Ford** (1873-1939) étudie les relations interpersonnelles, de *Some do not* (1924) à *Last Post* (1928). **Windham Lewis** (1882-1957) voit le monde avec des yeux de peintre (*Tarr*, 1918 ; *The Apes of God* 1930). Le poète Robert Graves (1895-1985) donna au roman historique une nouvelle jeunesse avec *I Claudius* (1934).

**W. S. Maugham** (1874-1965), admirateur de Flaubert et Maupassant (*Of Human Bondage*, 1915), décrit volontiers Londres, mais l'Extrême-Orient l'inspire aussi ; *The Razor's Edge* (1944) est plus philosophique.

**E. M. Forster** (1879-1970) explore les complexités de la bourgeoisie anglaise de son temps et ses propres désirs et frustrations dans *Howards End* (1910). *A Passage to India* est une satire des relations anglo-indiennes qui montre une compréhension des problèmes et un désir de rapprochement des deux mondes.

**J. B. Priestley** fut immédiatement populaire avec *The Good Companion* (1929), *Angel Pavement* (1930), sans apporter rien de nouveau à la forme du roman.

**J. K. Chesterton** (1874-1936) et **Hilaire Belloc** (1870-1957), parfois appelés « Chesterbelloc » sont des humoristes et des polémistes catholiques militants, à la limite du roman et de l'essai. On doit à Chesterton *The Man who was Thursday* (1908) et *The Innocence of Father Brown* (1914), recueil de nouvelles. Ils furent caricaturés par Max Beerbohm, lui-même homme de lettres, auteur du roman *Zuleika Dobson* (1911).

**Le « nouveau roman »**
Il est né grâce à trois fortes personnalités : James Joyce, D. H. Lawrence, Virginia Woolf. L'intrigue et la chronologie tendent à disparaître de leurs récits, au profit de l'étude du fonctionnement psychologique ; de nouvelles techniques servent ces recherches.

**James Joyce** (1882-1941), après *Dubliners* (1914), suite de nouvelles de facture apparemment classique, mais poétique et elliptique, publie *Ulysses* (1922), épopée dont la structure est celle de *L'Odyssée*. Située à Dublin, elle dure vingt-quatre heures et a pour héros Léopold et Molly Bloom, sans oublier le poète Stephen Dedalus. Joyce utilise ce que T. S. Eliot a appelé « *the mythical method* », qui structure le texte à la place de la narration et cherche à représenter, par une syntaxe et un vocabulaire appropriés, la vie dans sa totalité, à retrouver l'unité du conscient et de l'inconscient, l'unité de la vie sexuelle et spirituelle. Dans *Finnegans Wake* (1939), la langue innove, fait des emprunts et le lecteur doit décoder le texte, sans être jamais sûr de son interprétation ; c'est une œuvre ironique, révolutionnaire, un peu dans l'esprit de Sterne.

**D. H. Lawrence** (1885-1930), fils de mineur, connaissait intimement la campagne où il avait vécu et son milieu d'origine ; il voulait retrouver les émotions et la passion originelle que la civilisation industrielle avait corrompues ou détruites. *Sons and Lovers* (1913) est largement autobiographique, *The Rainbow* (1915), *Women in Love* (1921), *Aaron's Rod* (1922) montrent plus clairement sa solitude et ses frustrations. *Kangaroo* (1923), *The Plumed Serpent* (1926) précisent ses recherches de réalisation physique et spirituelle, ailleurs, où cela est encore possible, au Mexique, en Australie. *Lady Chatterley's Lover* (1928) créa un scandale et fut interdit (un procès leva cette interdiction en 1960). L'empathie de Lawrence avec les êtres et les choses, son regard de peintre (c'était sa première vocation), s'expriment en images et symboles, avec une hardiesse qui n'avait jamais existé jusque-là ; ce même climat se retrouve dans ses nouvelles et ses poèmes.

**Virginia Woolf** (1882-1941), opposée aux interdits de la morale victorienne, intellectuelle et féministe, après des débuts classiques, développa un style propre, à partir de *Jacob's Room* (1922). La trame du récit se développe au gré des changements d'humeur des personnages, de leurs impressions et de leurs idées. *Mrs Dalloway* parut en 1925, puis *To the Lighthouse* (1927), *Orlando* (1928), voyage d'un personnage à travers le temps, *The Waves* (1931), *The Years* (1937). Avec sensibilité et humour, elle compose des portraits qui ont sa distinction et son intelligence.

> Am I doomed all my days to write letters, send voices, which fall upon the tea-table, fade upon the passage, making appointments, while life dwindles, to come and dine ? yet letters are venerable ; and the telephone valiant, for the journey is a lonely one, and if bound together by notes and telephones we went in company, perhaps — who knows ? — we might talk by the way.
>
> (*Jacob's Room*, chap. 8)

**Les techniques d'écriture**

Le monologue intérieur (*Interior soliloquy*) est proche du courant de conscience (*stream of consciousness*) utilisé d'abord par Dorothy Richardson dans *The Voyage out* (1915). Innovations verbales, mots valises (*portmanteau words* : mots composés où s'accrochent de nombreux signifiés), syntaxe déformée à des fins expressives, tous ces procédés sont surtout utilisés par Joyce.
Point de vue interne ou externe au récit, suivant la qualité du narrateur ; points de vue multiples ou changement de narrateur au cours du récit : ces possibilités renforcent le caractère subjectif et la richesse de l'expérience.

### Roman intellectuel à tendance philosophique et/ou mystique

**Aldous Huxley** (1884-1963), né d'une famille de savants, d'éducateurs et d'artistes, fut lui aussi déçu par le monde de l'entre-deux-guerres. *Chrome Yellow* (1921) est une satire comique ; *Those Barren Leaves* (1921) y ajoute une recherche sur la nature de l'homme ; *Counterpoint* (1928) est le plus brillant de ses livres, mais *Brave New World* (1932) est le plus connu : il y montre qu'une société trop organisée et technologique ne peut apporter le bonheur. Dans *Eyeless in Gaza* (1936), l'esprit et les arts ne parviennent pas à vaincre la bête qui est en l'homme. S'étant tourné vers le mysticisme oriental, Huxley a peint, dans *The Island* (1962), une société équilibrée et idéale, mais elle est menacée.

**Graham Greene** (1904-1991) écrivit des histoires policières : *The Confidential Agent* (1939), *The Ministry of Fear* (1943), le script de *The Third Man* (1950), dans lesquels les conflits de conscience, le problème du bien et du mal sont centraux. Ces thèmes sont développés dans ses romans « sérieux » : *Brighton Rock* (1938), *The Power and the Glory* (1940), *The Heart of the Matter* (1948). Les personnages sont présentés avec force et émotion ; ils se débattent dans des lieux étranges où règnent le plus souvent la fièvre et la décomposition. Les histoires captivantes et la profondeur des dilemmes ont attiré des lecteurs de tous les horizons.

**Joyce Carry** (1888-1957) expose, dans sa trilogie africaine, les oppositions entre Blancs et Noirs ; dans une autre trilogie, anglaise, colorée et picaresque (1941-1944), il utilise ses personnages comme narrateurs (Jimson, dans *The Horse's Mouth*).

Les critiques opposent volontiers des romanciers « populaires » à d'autres, plus « littéraires », ce qui entraîne des différences d'appréciation selon les écoles et selon les lieux. J. B. Priestley — *The Good Companion* (1929), *Angel Pavement* (1930) — et Greene appartiennent aux deux catégories ; Charles Morgan (*The Fountain*, 1932 ; *Sparkenbroke*, 1936) est plus connu en France qu'en Angleterre. Mais où placer A. J. Cronin (*The Citadel*, 1937), P. G. Wodehouse et sa série de romans avec le célèbre valet Jeeves ? ou encore les écrivains régionaux Richard Llewellyn (*How green was my Valley*, 1939), Hugh Walpole (*The Cathedral*, 1922), Compton Mackenzie (*Whisky Galore*, 1942) ?

## 2.2 Après 1945

La vision satirique et la fuite en avant l'emportent, devant un présent où il n'y a plus de repères, ainsi que le goût de l'expérimentation formelle, grâce aux voies ouvertes par le modernisme. La diversité et le foisonnement des œuvres ne permettent d'indiquer ici que les principales directions.

**Les écrivains néo-réalistes**

Ironiques, ils étudient sans indulgence la haute bourgeoisie dont la plupart étaient issus.

Comme Aldous Huxley à ses débuts, **Evelyn Waugh** (1903-1966) écrit en satiriste, mais avec une prédominance marquée pour le comique : *Decline and Fall* (1928), *A Handful of Dust*, *Scoop* (1938), *The Loved One* (1948). *Brideshead Revisited* (1945) est plutôt nostalgique. Une trilogie sur la guerre fut publiée en 1965.

**Rose Macaulay** (1881-1957) fait œuvre de satiriste dans *Orphan Island* (1924) ; **Ivy Compton-Burnett** (1892-1969) présente un monde sinistre dans un cadre victorien et laisse libre cours à son esprit caustique dans *Men and Wives* (1931) ou *The Mighty and their Fall* (1961), par exemple.

**Anthony Powell** (né en 1905) développa la richesse de son expérience en une série de onze volumes : *The Music of Time*. Ce panorama, publié de 1951 à 1968, reçut un épilogue avec *Temporary Kings* (1973). C'est une œuvre ambitieuse où se mêlent le réalisme et la fantaisie, avec des personnages nombreux et pittoresques. **C. P. Snow** écrivit également une suite de onze romans : *Strangers and Brothers*, terminée en 1970. *Corridors of Power* (1964) en fait partie et décrit l'élite qui soutient l'*Establishment*. *The Masters* (1951) et *The Affair* ont été adaptés pour la scène.

**Muriel Spark** : *Memento Mori* (1959) et *The Prime of Miss Jean Brodie* (1962) ont été remarqués pour la compassion, la finesse des sentiments et le style très étudié. **Iris Murdoch** a publié *Under the Net* en 1954, *An Unofficial Rose* (1962), *A World Child* (1975) où l'intellectualisme et la complexité des intrigues n'empêchent pas l'expression poétique.

**Doris Lessing** est un auteur dont l'importance n'a pas encore été complètement mesurée. Son expérience africaine a inspiré *The Grass is Singing* (1950) et la suite de cinq romans : *Children of Violence* (1952-1969), où l'héroïne, Martha Quest, est disséquée jusque dans ses moindres recoins. *The Golden Notebook* (1962) est une exploration de l'acte d'écrire et aborde les thèmes habituels de Lessing : la psychologie, la politique, l'étude sociale et la lutte pour les droits de la femme.

**Les anti-utopistes**

Ils choisissent ce mode d'expression pour mettre en évidence les dangers qui menacent déjà les sociétés occidentales et prévenir des désastres futurs en imaginant les conséquences extrêmes de certaines orientations.

Après *Brave New World* de Huxley et l'opposition entre la culture (représentée par Shakespeare) et l'organisation technologique, **George Orwell** (1903-1950) donne un tour plus politique à ses fictions avec *Animal Farm* (1945), de caractère swiftien, où les animaux découvrent que le pouvoir corrompt, et *1984* (1949), vision cruelle d'un pouvoir totalitaire ou l'humour devient grinçant et l'appel à la vigilance extrêmement urgent.

**Utopie**

Elle se développe à la fin du XIXe siècle ; c'est une fuite en avant, sans doute pour échapper à la société industrielle et à ses contraintes : Bulwer-Lytton : *The Future Race* (1871) ; Samuel Butler : *Erewhon* (1872) ; William Morris : *News from Nowhere* (1891) et les nombreux romans de H. G. Wells (le dernier, *The First Man on the Moon*, 1901).
Au XXe siècle, on trouve surtout des anti-utopies, comme *Brave New World* de Huxley et *1984* de Orwell, écrits dans l'inquiétude, avant la Seconde Guerre mondiale. Aujourd'hui, *A Clockwork Orange* de Burgess, *Lord of the Flies* ou *The Inheritors* de William Golding sont de la même veine en traitant d'autres problèmes également angoissants.

Cette veine est reprise par **Anthony Burgess** (né en 1917) dans *A Clockwork Orange* (1961), où la nature et les limites de la liberté humaine sont explorées sous un éclairage troublant. Dans sa production abondante, qu'il s'agisse des critiques, des poèmes, de sa trilogie sur la Malaisie (1956-1959) ou de ses nombreux romans récents (*Earthly Powers*, 1980), on retrouve le problème de la liberté humaine et du mal, traité avec une étonnante inventivité langagière. Comme Burgess, **William Golding** écrit des anti-utopies, mais en moraliste ; il montre la fragilité des attitudes civilisées dans *Lord of the Flies* (1954). *The Inheri-*

*tor* (1955) se situe parmi les hommes préhistoriques et *The Spire*, à l'époque des cathédrales, mais le problème de la lutte pour le pouvoir et des motivations ambiguës est chaque fois posé. Ces interrogations et le besoin d'aller au-delà du simple réalisme ont aussi motivé **Angus Wilson** : *No Laughing Matter* (1967), *As if by Magic* (1973).

**Les œuvres d'évasion**

Elles sont toujours populaires, de la science-fiction ou des romans préhistoriques aux récits de pure imagination. **Brian Aldiss** (né en 1925) : *Heliconia Trilogy* (1982-1985), **J. G. Ballard** : *Crash* (1973), **Doris Lessing** : *The Four-Gated City* (1969) sur la guerre nucléaire et *Canopus in Argos : Archives,* tous trois écrivent de la science-fiction. Christine Brooke Rose écrit aussi des œuvres où la science-fiction se mêle au fantastique avec *Xerandor* (1985) et *Verbivore* (1990) qui en est la suite.

L'Extrême-Orient, l'Inde en particulier, inspire des romans historiques : J. G. Farrell décrit la révolte des Cipayes dans *The Siege of Krishnapour* (1973) et **Paul Scott** s'inspirait déjà de l'Inde pour *India Quartet*. **Marie Renault** s'intéresse à la Grèce antique et **Olivia Manning** aux Balkans. Rebecca West et Pamela Hansford Johnson (*An Error of Judgement*, 1962) écrivent aussi des romans d'aventure.

**J. R. Tolkien** eut un immense succès avec *The Hobbit* (1937) et la trilogie *The Lord of the Rings* (1956), œuvre féérique, inspirée à la fois par les légendes celtes et germaniques et les sagas scandinaves. C. S. Lewis (1898-1963) écrivit *The Chronicle of Narnia* (1956).

**The « angry young men »**

Cette dénomination caractérise un groupe de jeunes écrivains qui exprimèrent leurs espoirs déçus et leur colère devant les pesanteurs du système politico-social : ils s'opposèrent à l'*Establishment* sous toutes ses formes, mais surent être également drôles et pleins de vie. **John Wain**, dans un roman picaresque, *Hurry on down* (1953), relate les aventures d'un jeune déclassé, comme le Jim Dixon de *Lucky Jim* de **Kingsley Amis** (1954) ; *Take a girl like you* (1960) est de la même veine ; mais, dans ses œuvres récentes, sa violence s'est calmée et il se montre préoccupé par la mort et l'au-delà. Joe Lampton, le héros de *A Room at the Top* (1957) et de *Life at the Top* (1962), de **John Braine**, cherche à devenir riche, mais sa réussite a un goût d'amertume. John Braine abandonne les préoccupations sociales dans *The Jealous God* (1965), pour aborder des thèmes religieux. **Allan Sillitoe** place les personnages de *Saturday Night and Sunday Morning* (1958) dans son milieu d'origine : la classe ouvrière de Nottingham ; la nouveauté du point de vue frappe également dans *The Loneliness of the long distance Runner* (1959).

**Recherches psychologiques et philosophiques du roman moderne**
L'interrogation sur les possibilités de l'homme, le sens de la vie et les perspectives d'avenir prend des formes diverses : **David Storey** (*Radcliffe*, 1963) applique les théories psychologiques du docteur Laing, comme beaucoup d'écrivains des années 60. *Angus Wilson* (né en 1913), écrit des nouvelles, des pièces de théâtre et des romans (*Hemlock and after*, 1952, *The Old Men at the Zoo*, 1961, *No Laughing Matter*, 1967). Ce dernier ouvrage est une fresque qui couvre cinq générations. **Laurence Durrell**, inspiré par le monde méditerranéen, écrivit des romans sensuels et mythiques, comme *The Alexandria Quartet* (1957-1960) ; ses romans récents incluent des éléments de science-fiction.

**Malcolm Lowry** est surtout connu grâce à *Under the Volcan* (1947) roman original et puissant, situé au Mexique. David Jones témoigne des possibilités du post-modernisme, avec *Anathemata* (1952), « fragments of an attempted writing ». Il retrace l'épopée de l'homme occidental, dans une prose poétique où foisonnent mythes et images. Ce même souci d'évaluation universelle a poussé **Julian Barnes** à écrire *The History of the World in 101/2 Chapters* (1989).

**John Fowles**, dans des romans au dénouement « ouvert » (qui admettraient plusieurs suites différentes), oblige le lecteur à s'interroger sur la nature même de l'art d'écrire, sur la tradition romanesque et sur l'existence du roman (*The Magus*, 1966 ; *The French Lieutenant's Woman*, 1969 ; *A Maggot*, 1985).

> If I have thoughts, it is because I am writing in (just as I have assumed some of the vocabulary and « voice » of) a convention universally accepted at

the time of my story : that the novelist stands next to God. But I live in the age of Alain Robbe-Grillet and Roland Barthes ; if this is a novel, it cannot be a novel in the modern sense of the word.

(*The French Lieutenant's Woman*, chap. 13)

De nombreux auteurs écrivent des nouvelles. **Katherine Mansfield** (1888-1923) est considérée comme un maître du genre : *Bliss* (1920), *The Garden Party* (1932). **Elizabeth Bowen** (1899-1973) étudie les sentiments intimes et les relations interpersonnelles dans ses recueils de courtes pièces et ses romans. **Anthony Burgess** vient de publier *The Devil's Mode* dont les histoires sont originales et riches par leur intertextualité. Ce ne sont là que quelques exemples.

**Importance de la critique**

• Les plus importants des « modernistes » dans les années 20 :
V. Woolf : *Modern Fiction*, 1919.
T. S. Eliot : *The Sacred Wood*, 1920.
I. A. Richards : *Principles of Literary Criticism* (1924), *Science and Poetry*, 1926.
E. M. Forster : *Aspects of the Novel*, 1927.
Windham Lewis : *Time and Western Man*, 1919.

• Groupe d'universitaires de Cambridge :
William Empson, *Seven Types of Ambiguities* (1930), dans lequel il insiste sur la difficulté de trouver des normes.
F. R. Leavis : dirige la revue *Scrutiny, New Bearings on English Poetry* (1932), *The Great Tradition* (1948).
Matthew Arnold : *Culture and Anarchy* (1969) ; il y développe l'idée que la bonne littérature produit une société civilisée, des actes moraux ; le pouvoir est ainsi guidé par la science et la beauté.
C. K. Ogden : *The Meaning of Meaning*, 1923 (disciple de Bentham).

Le roman actuel est donc bien vivant, mais il se remet sans cesse en question et interpelle le lecteur. Du point de vue de la structure, on remarque deux tendances contradictoires : la nouvelle et de vastes fresques de plusieurs volumes (qui rappellent Richardson ou les « three-deckers » du XIXe siècle). La recherche d'identité et l'ambiguïté y sont dominantes. C'est un genre protéiforme, par la variété des styles et l'interaction avec d'autres formes d'expression (le cinéma et le théâtre surtout). On y retrouve l'influence des sciences exactes, des idéologies, des arts et une sorte d'osmose avec les autres littératures anglophones, américaines surtout, mais aussi canadienne, antillaise, africaine, indienne... L'influence du « continent », de la France, entre autres, ne saurait être négligée avec le « nouveau roman » et des auteurs bilingues, comme l'Irlandais Samuel Beckett, romancier et écrivain de théâtre. Ses premiers romans : *Murphy* (1938) et *Watt* (publié en 1953) furent écrits en anglais, mais il choisit d'écrire *Molloy* (1951) et *Malone dies* en français. Il les traduisit ou plutôt les réécrivit en anglais en 1954 et 1956 ; il écrivit d'autres œuvres en prose, dont des nouvelles.

Un autre phénomène frappant est l'émergence d'un nombre croissant de femmes auteurs ; elles écrivent des romans le plus souvent. Bien que personne n'ait pu définir une écriture spécifiquement féminine, leur contribution est originale : certaines présentent une expérience de la vie différente et, surtout depuis les années 60, des sujets peu abordés jusqu'alors : Edna O'Brien décrit volontiers la sexualité féminine (*August is a Wicked Month*, 1965) ; Margaret Drabble montre les problèmes d'une mère célibataire dans *The Millstone* (1968) et Doris Lessing les rapports de la mère avec son enfant monstrueux dans *The Fifth Child* (1988).

Le roman aborde tous les thèmes et touche tous les publics.

# 3. Le théâtre

## 3.1 De 1910 à 1945

**Style traditionnel, réalisme social et fantaisie**
La Première Guerre mondiale inspire à R. C. Sherrif *Journey's End* (1928) et à O'Casey *The Silver Cup* (1928).

**Sean O'Casey** (1880-1964) continue la tradition du théâtre irlandais avec une trilogie : *The Shadow of a Gunman* (1923), *Juno and the*

*Paycock* (1924), *The Plough and the Stars* (1926). Jouées au théâtre de l'Abbaye, ces pièces causèrent surprise et scandale : la langue poétique ou littéraire s'y mêlait au dialecte assez vulgaire des taudis de Dublin ; les exploiteurs et les exploités y étaient représentés franchement. O'Casey s'exila en Angleterre et *Red Roses for me* (1946) eut grand succès.

Des comédies bien faites, aux sujets domestiques où le réalisme et la fantaisie s'allient, furent très populaires et sont toujours à l'affiche.

**John Galsworthy** traite de problèmes sociaux dans *The Silver Box* (1906), *Strife* (1909), *Justice* (1910), mais avec moins de talent que dans ses romans. **James Barrie,** après de délicates pièces de salon, *The Admirable Crichton* (1902) ou *Dear Brutus* (1917), donna au répertoire une pièce tendre et féérique qui fait encore aujourd'hui la joie de publics de tous âges, surtout au moment de Noël : *Peter Pan* (1904). L'étude sociale et l'art du dialogue font la valeur du théâtre de S. Maugham : *The Circle* (1921), *Our Betters* (1923). **J. B. Priestley** (1894-1984) écrivit de bonnes comédies : *Johnson over Jordan* (1939), *The Linden Tree* (1947) ; **Terence Ratigan** (né en 1912) commença par écrire des farces, puis des pièces plus complexes : *The Browning Version* (1948). **Noël Coward** (1899-1973), acteur, metteur en scène et auteur, eut un immense succès entre les deux guerres : *Cavalcade* (1934), *Blithe Spirit* (1941), où il montre une technique dramatique consommée. Harley Granville-Barker (1877-1946), dramaturge (*The Voysey Inheritance* 1905, *The Madras House*, 1909 : deux tragédies réalistes) et metteur en scène, dirigea la troupe du *Royal Court Theatre.*

**Les poètes auteurs de théâtre**

**Christopher Isherwood** et **W. H. Auden** produisirent en collaboration plusieurs pièces comme *The Dance of Death* (1935) et *The Ascent of F6* (1936) : F6 est une montagne dont l'ascension n'a pas encore été faite. Le mime, la danse et des extraits de poèmes font partie de ces spectacles réservés à un public d'initiés.

**T. S. Eliot**, après *Sweeney Agonistes* (1932), pièce bâtie à partir de poèmes, écrivit la belle tragédie en vers *Murder in the Cathedral* (1935), puis des comédies de manière : *The Family Reunion* (1939), *The Cocktail Party* (1945) et *The Confidential Clerk* (1954), pièces plus commerciales qui eurent du succès dans les théâtres traditionnels.

Christopher Fry (né en 1907) plut aux spectateurs londoniens avec *The Boy with a Cart* (1939), *The Lady's not for Burning* (1949) : mais avec le recul, ces pièces en vers, brillantes, paraissent manquer de profondeur.

**Mise en scène**

Influence de Brecht, en particulier sur Wesker et Arden ; le Berliner Ensemble est à Londres en 1956.
Influence de la personnalité de metteurs en scène tels que Joan Littlewood, Peter Brook, Peter Hall.
Travail contemporain sur les pièces de Shakespeare au Court Theatre, à l'Old Vic et à Stratford.
Théâtre en monde ouvrier : Wesker, Brendan Behan.

Le théâtre d'après la Première Guerre mondiale semble surtout le fait d'une intelligentsia et brille par ses acteurs et ses metteurs en scène, dont le talent a servi les créations comme les reprises de pièces du répertoire, de Shakespeare surtout.

## 3.2 Le théâtre après 1945

### Les comédies légères

Celles de Noël Coward, ou plus sérieuses, celles de Terence Ratigan ou Charles Morgan, sont toujours produites ainsi que des comédies musicales et des pièces policières (comme celles d'Agatha Christie, entre autres).

### Le nouveau théâtre

**John Osborne** (né en 1929) présenta au *Royal Court Theatre, Look Back in Anger* (1956) et *The Entertainer* (1957). Ces pièces renvoyaient aux spectateurs une image d'eux-mêmes et de la société d'après-guerre en complète décomposition et où régnait l'injustice, objet de la colère des « *angry young men* ». Les héros d'Osborne font partie de la bourgeoisie mais, malgré leurs aspirations à un destin plus élevé, ils échouent. *Luther* (1961), bien que situé dans l'Allemagne du XVIe siècle, traite de problèmes contemporains. *West of Suez* (1971) évoque le sentiment de perte de l'identité personnelle et nationale, entraîné par la disparition de l'empire.

Auteur engagé, **Arnold Wesker** aborde les problèmes de la classe ouvrière avec réalisme et fraîcheur, dans sa trilogie : *Chicken Soup with Barley* (1959), *Roots* (1959) et *I'm Talking about Jerusalem* (1960), ainsi que dans *The Kitchen* (1961). Les dialogues sont violents et colorés ; le non-dit y est aussi important que les mots : dans *Roots,* Mrs Bryant et sa fille ont une conversation sur les paroles d'une chanson :

> MRS BRYANT. Well, don't you know what that mean ?
> BEATIE. I meant what do they do to you ? How do the words affect you ? Are you moved ? Do you find them beautiful ?
> MRS BRYANT. Them's as good words as any.
> BEATIE. But do they make you feel better ?
> MRS BRYANT. Blust gal ! That ent meant to be a laxative ! (II, 1)

*Sergeant Musgrave's Dance*, de **John Arden** (1960) est une condamnation de la guerre. Arden y montre un sens aigu de l'histoire. *The Workhouse Donkey* (1964) est une satire des mœurs politiques locales, renforcée par des chansons qui doivent autant à Gay et aux comédies musicales qu'à Brecht.

Le goût de la provocation s'ajoute à des préoccupations semblables dans *Saved* (1965), d'**Edward Bond**, *The Narrrow Road to the Deep North* (1968), *The Sea* (1973) et *Lear* (1971), transposé de Shakespeare.

**Shelagh Delaney** voulut, en créant le *Theatre Workshop*, rapprocher le théâtre des couches populaires. *A Taste of Honey* (1958) est une pièce désenchantée. **Brendan Behan** fit jouer *The Hostage* (1959) dans ce théâtre.

Le théâtre de **Samuel Beckett** jouit d'une réputation mondiale. Beckett est considéré comme le chef de file du théâtre de « l'absurde », avec Ionesco. *Waiting for Godot* (1952) et *Endgame* (1957) écrites en français, furent ensuite traduites en anglais. Dans ces pièces et celles qui suivirent, il n'y a pas d'action ; le monde est fait de banalités et les personnages sont enfermés dans des cycles répétitifs, mais la compassion et la drôlerie nous les rendent attachants. Ce sont de pauvres hères qui cherchent leur identité dans un monde dérisoire et lunaire. Ce monde incompréhensible participe de la tradition anglaise du *nonsense*.

**Harold Pinter** insiste sur l'impossibilité de communiquer et le nonsens du langage. Le comique vient de l'absurdité et du burlesque. La force de l'économie des mots et de la construction stricte *The Dumb Waiter* (1960) et *The Caretaker* (1960) illustre une première manière. Les pièces suivantes sont moins brutales, mais les problèmes ontologiques et insolubles y sont plus lancinants, comme dans *The Collection* (1963), *Landscape* (1968) et *Silence* (1978), entre autres. La carrière de Pinter n'est toutefois pas terminée.

**Tom Stoppard** (né en 1937), passionné par la technique théâtrale, mais parfois compliqué, utilise la parodie, les reprises en miroir. La pièce *Rosencrantz and Guildenstern are Dead* (1967) le fit connaître, *Jumpers* (1972) affirma son talent comique. Dans *Parodies* (1974) il détourne et utilise *The Importance of Being Earnest* de Wilde. Ami des surréalistes, de Magritte et Tristan Tzara, admirateur de Joyce, Stoppard poursuit son travail sur le langage, qu'il utilise hors des usages habituels.

La richesse du théâtre contemporain réside non seulement dans l'abondance des créations et dans les nouvelles orientations (rupture avec les règles formelles, engagement des auteurs, références à la psychanalyse) mais aussi dans la sophistication des techniques, l'importance nouvelle de la scénographie et l'intérêt de secteurs variés de la société pour une forme d'art moins accessible que le cinéma ou la télévision (activité des « *repertory theatres* », des comédiens amateurs, des jeunes compagnies, en dépit des difficultés financières).

Les dramaturges se regardent écrire, se sentent investis d'une mission, non plus morale mais d'éveil à une lucidité souvent douloureuse. L'utilisation révolutionnaire du langage sert ce dessein. Les thèmes les plus fréquents sont les problèmes d'identité et la difficulté de communiquer dans un monde en profonde mutation.

# CHRONOLOGIE : DE 1910 A 1980

| Politique et société | Litterature et histoire des idées |
|---|---|
| **1910 :** George V roi. | |
| **1913 :** Irish Home Rule. | **1913 :** D. H. Lawrence, *Sons and Lovers.* |
| **1914 :** Première Guerre mondiale. | **1914 :** James Joyce, *Dubliners.* |
| **1916 :** proclamation de la République irlandaise. | |
| | **1917 :** T. S. Eliot, *Prufrock and other Observations.* |
| **1918 :** Armistice. | **1918 :** Wyndham, Lewis, *Tarr.* - Hopkins, *Poems* (posthumes). |
| **1920 :** partition de l'Irlande. | |
| | **1921 :** A. Huxley, *Crome Yellow.* |
| | **1922 :** T. S. Eliot, *The Waste Land.* - James Joyce, *Ulysses.* |
| | **1924 :** E. M. Forster, *A Passage to India.* |
| | **1925 :** Virginia Woolf, *Mrs Dalloway.* |
| **1926 :** grève générale. | |
| **1927 :** création de la BBC. | |
| | **1928 :** W. B. Yeats, *The Tower.* - D. H. Lawrence, *Lady Chatterley's Lover.* - Evelyn Waugh, *Decline and Fall.* |
| **1929 :** dépression économique. | |
| | **1930 :** W. H. Auden, *Poems.* - N. Coward, *Private Lives.* - W. Empson, *Seven Types of Ambiguities.* |
| **1932 :** Hitler nommé chancelier. | **1932 :** premier numéro de *Scrutiny.* |
| | **1935 :** T. S. Eliot, *Murder in the Cathedral.* |
| **1936 :** guerre d'Espagne. | **1936 :** Auden et Isherwood, *The Ascent of F6.* |
| **1937 :** George VI roi. | |
| **1938 :** accords de Munich. | **1938 :** Beckett, *Murphy.* |
| **1939 :** déclaration de guerre contre l'Allemagne. | **1939 :** Isherwood, *Good-Bye to Berlin.* |
| | **1940 :** Graham Greene, *The Power and the Glory.* - C. P. Snow, *Strangers and Brothers* (début). |
| | **1942 :** E. Waugh, *Put out more Flags.* - T. S. Eliot, *Four Quartet* terminés. |

| Politique et société | Littérature et histoire des idées |
|---|---|
| **1944 :** *Butler Act* : études secondaires pour tous. | **1944 :** Joyce Cary, *The Horse's Mouth*. |
| **1945 :** fin de la guerre.<br>- gouvernement travailliste ; « Welfare State ». | **1945 :** G. Orwell, *Animal Farm*. |
| **1947 :** l'Inde et le Pakistan deviennent Dominions. | **1947 :** Ivy Compton-Burnett, *Manservant and Maidservant*.<br>- Philip Larkin, *A Girl in Winter*. |
| | **1948 :** G. Greene, *The Heart of the Matter*. |
| | **1949 :** Orwell, *Nineteen-Eighty-Four*.<br>- T.S. Eliot, *The Cocktail Party*. |
| | **1950 :** Auden, *Collected Shorter Poems*. |
| **1951 :** festival de Grande-Bretagne.<br>- gouvernement conservateur. | |
| **1952 :** Elizabeth II reine. | |
| | **1954 :** Thom Gunn, *Fighting Terms*.<br>- W. Golding, *Lord of the Flies*.<br>- Tolkien, *Lord of the Rings* (I).<br>- D. Thomas, *Under Milk Wood*.<br>- Kingsley Amis, *Lucky Jim*. |
| | **1955 :** Beckett, *Waiting for Godot* en anglais. |
| **1956 :** affaire du Canal de Suez. | **1956 :** Brendan Behan, *The Quare Fellow*.<br>- John Osborne, *Look back in Anger*. |
| | **1957 :** Ted Hughes, *The Hawk in the Rain*.<br>- Muriel Spark, *The Comforters*. |
| | **1959 :** Arnold Wesker, *Roots*. |
| | **1960 :** Arnold Pinter, *The Caretaker*. |
| | **1962 :** F. R. Leavis, *Two Cultures ?*. |
| **1965 :** indépendance de la Rhodésie. | **1965 :** Edward Bond, *Saved*. |
| | **1966 :** Seamus Heany, *Death of a Naturalist*.<br>- Jean Rhys, *Wide Sargasso Sea*.<br>- T. Stoppard, *Rosencrantz and Guildenstern are Dead*. |
| **1968 :** abandon de la censure au théâtre.<br>- désordres en Irlande.<br>- Emeutes en Ulster. | |
| | **1969 :** Joe Orton, *What the Butler Saw*.<br>- John Fowles, *The French Lieutenant's Woman*. |
| **1973 :** la Grande-Bretagne entre dans le Marché commun. | **1973 :** Bond, *The Sea*. |
| | **1978 :** Pinter, *Betrayal*. |
| | **1980 :** Golding, *Rites of Passage*. |

# CONCLUSION

La littérature anglaise est un vaste corpus, bien vivant, qui se développe dans le temps et dans l'espace et dont un bref panorama ne saurait épuiser toutes les richesses. Il y a forcément des partis pris et des lacunes, tant il vrai que l'appréciation littéraire est affaire de goût personnel. Cependant, surtout pour les œuvres du passé, il se dégage un consensus sur la valeur des œuvres et de grandes lignes dessinent l'identité de cette littérature. D'emblée, on remarque des contrastes : l'insularité, qui pourrait être source de repli sur soi, pousse aussi au voyage, à l'aventure. L'amour de la tradition, des vertus ancestrales, n'interdit pas l'originalité, voire l'excentricité. Le respect et l'imitation des anciens n'excluent pas une certaine liberté et la méfiance à l'égard des « écoles ».

Ce que tous ces auteurs ont en commun est la langue anglaise (l'anglais utilisé et produit par la classe moyenne cultivée de Grande-Bretagne, ce qui n'exclut pas l'usage, ici ou là, de dialectes d'argot ou d'anglais technique). Si tous les écrivains qui ont en commun ce médium contribuent à la littérature anglaise, il faut introduire des nuances : des écrivains nés dans les îles Britanniques ont écrit dans d'autres langues, du latin de Thomas More au français de Wilde ou de Beckett ; ces œuvres ne font pas partie de la littérature anglaise, mais où est la frontière, quand *Utopia* de More eut une telle postérité et quand Beckett écrit ses propres adaptations en anglais ? Des écrivains venus d'autres pays sont devenus des grands noms de la littérature anglaise, comme Conrad, ou choisissent de s'exprimer en anglais, comme certains écrivains chinois par exemple, pour atteindre davantage de lecteurs. Toutefois, ces cas restent assez isolés, ce qui n'est pas le cas dans la littérature américaine ni dans celle des anciens pays du Commonwealth.

Il est d'usage de traiter séparément la littérature américaine dès qu'elle s'est constituée. Elle reste pourtant proche et les interactions sont constantes : T. S. Eliot, Auden et bien d'autres ont changé de nationalité, des techniques d'écritures ont été empruntées ; certaines préoccupations sont communes. Cependant, ces littératures sont distinctes. Depuis la Seconde Guerre mondiale, les pays anglophones d'outre-mer ont amorcé un développement séparé, qui s'est accentué dans les années soixante. Des modes de vie et de pensée différents s'y expriment, ainsi que des thèmes nouveaux : luttes pour l'indépendance, tradition et modernisation, protestation. On peut citer Chinua Achebe et Wole Soyinka pour l'Afrique, à côté de Alan Paton et Nadine Gordimer, connus dans le monde entier (cette dernière vient de recevoir le prix Nobel de littérature) ; pour l'Inde R. K. Narayan ; V. S. Naipaul pour les Antilles ; les auteurs australiens, comme Patrick White, et canadiens sont également nombreux. Certains écrivains anglais traitent de sujets « exotiques » et il faudrait mentionner aussi la littérature de l'immigration en Angleterre.

Les tendances nouvelles venues du *Continent* affectent les œuvres produites en Angleterre, mais y prennent souvent une orientation nouvelle : un certain scepticisme, une prise de conscience de l'acte d'écrire (chez Fowles, par exemple, mais déjà dans *Tristram Shandy* de Sterne), l'utilisation plus fréquente de la métaphore et du symbole, le retour au texte plus conséquent au théâtre, une interférence avec la peinture, la musique et le cinéma, l'influence des médias. Certains traits pourraient constituer la marque anglaise : l'humour souvent mêlé de tendresse, le goût pour l'originalité, la violence et la cruauté dans les œuvres modernes (dans les poèmes de Heany par exemple), la prolifération du genre policier, des *thrillers*, du fantastique.

L'histoire littéraire, relativement récente (les travaux séparés depuis le XVIII^e siècle, de Thomas Warton, de Samuel Johnson et surtout l'*Histoire de la littérature anglaise* de Taine, 1863), placerait les auteurs étudiés dans ce précis dans « la grande tradition » décrite par F. R. Leavis, même s'ils s'y opposent ou la récusent ; ils sont tous porteurs d'un message et d'une vision du monde à la fois spécifique et de valeur universelle.

# BIBLIOGRAPHIE

## Abréviations

UP : University Press.
OUP : Oxford University Press.
CUP : Cambridge University Press.
PMLA : Publications of the Modern Language Association of America.
PUF : Presses Universitaires de France.

## OUVRAGES GÉNÉRAUX

### 1. Ouvrages de références

#### 1.1 : Histoire

*The Oxford History of Britain*, ed. Kenneth O. Morgan, OUP, 1984.

#### 1.2 : Histoire de la littérature

*The Oxford History of English Literature*, ed. Pat Rogers, OUP, (1984), 1989.
BURGESS Anthony, *English Literature, a Survey for Students*, Longman ed., 1958, nouvelle éd. 1978.

EVAN Ifor, *A Short History of English Literature* (ed. 1940), nouvelle éd. 1976. Avec un chapitre sur la période récente par B. Bergonzi.

GRELLET F. et VALENTIN M. H., *From Sidney to Sillitoe, an Introduction to English Literature*, Hachette, 1984. Très complet, avec des documents iconographiques et des extraits des œuvres critiques les plus significatives.

RAIMOND Jean, *La litterature anglaise,* coll. « Que sais-je ? », PUF, 1986.

*The New Pelican Guide to English Literature*, (8 vols.), ed. 1957-1960 (nombreuses rééditions depuis).

**1.3 : Critique**

ABRAMS M. H., *A Glossary of Literary Terms*, Holt, Rinehart and Winston (1957 et 1971) et éditions plus récentes.

LERNER Laurence, *An Introduction to English Poetry*, Edward Arnold, 1975. Initiation à l'explication de poèmes.

WELLEK R. et AUSTIN W., *Modern Critical Approaches*, traduction fr., Éd. du Seuil, 1971. Décrit les mouvements littéraires : structuralisme, déconstruction.

**1.4 : Bibliographies**

*M.L.A.* Revue internationale de bibliographie, tables annuelles.
*The New Cambridge Bibliography of English Literature*, G. Watson éd., 1977, nombreuses éditions depuis cette date.

**2. Textes**

**2.1 : Anthologies de poèmes et d'œuvres en prose**

*The Oxford Books of Verse*, OUP, rééditions constantes.
*The Pelican Books of English Prose*, Penguin.
*The Norton Anthology of English Literature* (2 vols), 1962, 1986. Très complète, avec appareil critique et bibliographies.

**2.2 : Pour le théâtre**

Pièces séparées dans *The Mermaid editions, Regent's Drama Series Oxford Classics, The Arden Shakespeare.*

**2.3 : Ouvrages en prose**

Collection *Everyman, Oxford Classics, Penguin Paperbacks.*

## LECTURES COMPLÉMENTAIRES


### Chapitre 1

CHAMBERS E.K., *Oxford History of English Literature,* « English Literature at the Close of the Middle Ages » (II, 2), OUP, 1945. Surtout pour le théâtre.

CHILD F. J., *The English and Scottish Popular Ballads* (1882) réédité souvent ; Bronson B. H., *The Traditional Tunes of Chid's Ballads* (1959-1966) donne le texte et la musique.

DE ROUGEMONT Denis, *L'Amour et l'Occident*, Plon, 1972. Situe la femme dans la société et la littérature au Moyen Âge.

SCOTT Walter, *Minstrelsy of the Scottish Border*, 1802-1803. Par un Écossais amoureux de son pays ; tendance romantique.

WILSON R. M., *The Lost Literature of Medieval England*, London, 1970. Indique la nature et le volume probable des œuvres perdues et la faible proportion de celles qui nous sont parvenues.

### Chapitre 2

#### 2.1 : Ouvrages généraux

GUY John, *The Oxford History of Britain*, « The Tudor Age (1485-1603) » et Morrill John, « The Stuarts (1603-1688) », in Morgan Kenneth O. éd.

BUXTON John, *Elizabethan Taste*, Macmillan, 1963. Sur la relation entre les arts à cette époque.

KNIGHTS L. C., *Drama and Society in the Age of Jonson*, Penguin, 1962. Les éléments fournis peuvent aussi éclairer les autres productions littéraires.

#### 2.2 : La poésie

KERMODE Frank ed., *Edmund Spenser, Selections*, Faber and Faber, 1965.

BERGER Harry ed., *Spenser, A Collection of Critical Essays*, Prentice Hall, Englewood Cliffs, New Jersey, 1968.

BUXTON John, *Sir Philip Sidney and the English Renaissance*, Macmillan, 1954. Permet d'apprécier l'importance des poètes de la Cour et leur raffinement.

**2.3 : La prose**

MUIR Kenneth ed., *Elizabethan and Jacobean Prose* (1550-1670), Penguin, 1962.

**2.4 : Le théâtre**

BENTLEY G. E., *The Jacobean and Caroline Stage*, Oxford, 1958. Donne des détails techniques sur les représentations des pièces, dates et conditions de représentation.

MORRIS Brian, *Christopher Marlowe, Critical Commentaries*, 1968.

JONES-DAVIES M. T., *Ben Jonson*, 1973.

BARISH J. A. ed., *Ben Jonson, a Collection of Critical Essays*, Harvard, 1963.

GRANVILLE-BARKER H. *Prefaces to Shakespeare*, Sidgwick and Jackson, 1927-1945. Porte sur les interprétations et les problèmes de mise en scène.

BRADLEY A. C., *Shakespearian Tragedy*, Macmillan, 1953. Ouvrage de base.

FLUCHÈRE Henri, *Shakespeare, dramaturge élisabéthain*, Gallimard, 1962.

KNIGHT G. W., *The Wheel of Fire*, Methuen, 1949, University Paperbacks, 1970.

KNIGHTS L. C., *Some Shakespearian Themes*, Chatto and Windus, 1959. Synthèse éclairante.

LERNER Laurence, *Shakespeare's Comedies*, Penguin, 1967. Anthologie d'articles importants.

TILLYARD E. N. W. : Nombreuses études, parmi lesquelles *Shakespeare's History Plays*, Penguin, 1962 et *Shakespeare's Last Plays*, Chatto and Windus, 1938.

Après les traductions de François-Victor Hugo et de nombreuses autres, on peut recommander celles de la Pléiade, 1959.

**Chapitre 3**

**3.1 : Ouvrages généraux**

ASHLEY Maurice, *England in the XVIIth Century*, Penguin (1952), 1967.

HILL Christopher, *The Century of Revolution 1603-1714*, Sphere Books (1961), 1974.

Ces deux livres sont nécessaires pour comprendre le milieu politique et social dans lequel les œuvres littéraires furent écrites.

WILLEY Basil, *The XVIIth Century Background*, Penguin (1934), 1962.
Histoire des idées. Hobbes, Locke et l'idée de « vérité ».

### 3.2 : La poésie

DAICHES David, *Milton*, Hutchinson U. Library (1957), 1961. Etude fondamentale.

POTTER Loïs, *A Preface to Milton*, Longman, 1971. Pour aborder les textes plus facilement.

BREDVOLD Louis I., *The Intellectual Milieu of John Dryden*, Ann Arbor, 1934. Bonne introduction aux principes du néo-classicisme.

CONAGHAN John, ed., *Dryden, a Selection*, Methuen, 1978. Contient les principaux textes (poèmes et prose).

ELIOT T. S., « Metaphysical Poets » in *Selected Essays*, Faber and Faber, 1932.

### 3.3 : La prose

SHARROCK R., *Grace Abounding, 1962 ; Pilgrim's Progress*, 1967 (édition de J. B. Wharey révisée). Ces éditions comportent une introduction détaillée.

LATHAM R., *The illustrated Pepys*, Bell, 1978. Edition de textes choisis dans le célèbre journal intime.

WILSON F. P., *XVIIth Century Prose*, California UP, 1960. Anthologie des textes indispensables.

### 3.4 : Le théâtre

UNDERWOOD Dale, *Etherege and the XVIIth Comedy of Manners*, Yale, 1957.

## Chapitre 4

### 4.1 : Ouvrages généraux

CASSIRER Ernest, *The Philosophy of the Enlightenment*, OUP, 1951.

GEORGE M. Dorothy, *London life in the Eighteenth Century*, Penguin, 1965. Permet de mettre en rapport la réalité historique et les romans ou comédies.

PLUMB J. H., *England in the XVIIIth Century*, Pelican history of England, 1963. Présentation claire des faits politiques, sociaux, de la pensée et des arts.

PORTER Roy, *English Society in the Eighteenth Century*, Penguin, 1982. La société de l'époque rendue de manière très vivante dans les problèmes de la vie quotidienne, ceux du pays et de l'empire.

### 4.2 : La poésie

SUTHERLAND James, *A Preface to XVIIIth Century Poetry*, OUP, 1948.

ARNAUD Pierre, RAIMOND Jean, *Le Préromantisme anglais*, PUF, collection « Le Monde anglophone », 1980. Etudie les progrès de la sensibilité et l'évolution de la forme dans les poèmes écrits après 1744.

NICHOL SMITH D. ed., *The Oxford Book of XVIIIth Century Verse*, OUP, 1926. Offre une bonne sélection de poèmes.

### 4.3 : La prose

WATT Ian, *The Rise of the Novel : Studies in Defoe, Richardson and Fielding*, Penguin, 1956. Se penche sur les problèmes techniques rencontrés par les pionniers du roman et leur manière différente de les résoudre.

JACK Ian, *Augustan Satire 1660-1750*, Clarendon Press, 1952. Aide à comprendre les différents niveaux qui constituent ce ton si présent au début du siècle souvent appelé « l'âge de la satire ».

BATE W. J., *The Achievement of Samuel Johnson*, New York, 1955.

BOUCÉ P. G., *Les Romans de Smollett*, Didier, 1971.

BYRD Max, ed., *Daniel Defoe, A Collection of Critical Essays*, XXth Century Views, Prentice Hall, 1976.

FIELDING Henry, Preface to *Joseph Andrews*, 1742, *Henry Fielding*, « The Critical Heritage », Kegan and Paul, 1969.

PONS Ch., *Samuel Richardson : Pamela*, Armand Colin, 1970.

DULCK Jean, *Henry Fielding : Joseph Andrews*, Armand Colin, U2, 1970.

RICHARDSON Samuel, préface de *Clarissa*, 1747.

DIDEROT Denis, *Eloge de Richardson,* 1761.

THOMSON D., *Wild Excursions : the Life and Fiction of Laurence Sterne*, Weidenfeld and Nicolson, 1972. Eclaire la lecture de *Tristram Shandy*.

**4.4 : Le théâtre**

BOAS F., *An Introduction to XVIIIth Century Drama*, Clarendon Press, 1953. Montre bien la transition avec le théâtre de la Restauration.

NICOLL A., *A History of Early XVIII Century Drama 1700-1750* et *A History of late XVIIIth Century Drama 1750-1800*, CUP, 1952. Donne une liste complète des pièces, des saisons théâtrales et un commentaire critique.

BINGHAM Madeleine, *Sheridan, the Track of a Comet*, Allen and Unwin, 1972. Place les pièces dans leur contexte et explique leur succès.

ELLIS Frank H., *Sentimental Comedy (1696-1793)*, Cambridge Studies in XVIIIth English Literature and Thought (10) 1991. Réévaluation de ce genre, dominant à la fin du siècle.

**Chapitre 5**

**5.1 : Ouvrages généraux**

ABRAMS M. H., *The Mirror and the Lamp : Romantic Theory and the Critical Tradition,* OUP, 1953. Marque la différence entre théorie classique, dont le point de départ est l'imitation, et romantisme, qui privilégie l'expression.

ARNOLD Matthew, *Essays in Criticism* (1865-1888), in *Complete Prose Works*, UP of Michigan, 1960.

FURST Lilian, *Romanticism*, collection « The Critical Idiom », Methuen, 1969. Précieux pour les définitions des concepts et la comparaison avec d'autres pays européens, l'Allemagne surtout.

LEAVIS F. R., *The Great Tradition*, Penguin, 1967. Place les grands romanciers dans un courant qui va du XVIIIe au XXe siècle et les apprécie pour leurs qualités d'humanistes et le sens qu'ils donnent à la vie.

WOOLF Virginia, *The Common Reader*, Hogarth Press, 1925. Sur Austen et Hazlitt, particulièrement.

WILLEY Basil, *Nineteenth Century Studies*, Penguin, 1964. Sur le rapport entre la pensée de l'époque et les œuvres littéraires.
*The Oxford Book of XIXth Century Verse*, OUP, 1964.
*The Pelican Book of English Prose,* vol. V, Penguin, 1956.

**5.2 : La poésie**

Deux collections d'articles critiques :

ABRAMS M. H. ed., *English Romantic Poets* (contient des prises de positions célèbres, dont O. Lovejoy, « On the Discrimination of Romanticisms ») OUP, 1960.

FRYE Northrop ed., *Romanticism Reconsidered*, UP of Columbia, 1963. Regard critique moderne.

BATE W. J. ed., *Keats, Twentieth Century Critical Essays*, Harvard.

BERGONZI B., *G. M. Hopkins*, Macmillan, 1977. Permet une approche plus aisée d'un poète difficile.

GRIERSON Sir H. J. C., *Lyrical Poetry from Blake to Hardy*, Hogarth Press, 1928. Vaste panorama qui fait encore autorité.
HUNT J. D., *The Preraphaelite Imagination 1848-1900*, Routledge and Kegan, 1968. Permet de mieux comprendre ce groupe d'artistes, poètes, peintres et plasticiens.
*L'HERNE (les Cahiers de)*, 1981, « W. B. Yeats ».

**5.3 : Le roman**

VAN GHENT Dorothy, *The English Novel, Form and Function*, Holt, Rinehart, Winston, 1952. Etude diachronique et détaillée des romans des sœurs Brontë.

FORSTER E. M., *Aspects of the Novel*, Arnold, 1927. Surtout pour Thackeray.

FRIEDMAN A., *The Turn of the Novel*, New York, 1966. Point de vue moderne sur le roman de la fin du siècle.

COUSTILLAS P., PETIT J. P., RAYMOND J., *Le Roman anglais au* XIX*e siècle*, PUF, 1978. Présente les auteurs, leur milieu : très utile avant d'aborder les auteurs eux-mêmes.

CRAIK W. A., *The Brontë Novels*, Methuen, 1968.

COX R. G. ed., *Thomas Hardy*, « The Critical Heritage », Kegan and Paul, 1970.

HARDY B. ed., *Critical Essays on George Eliot*, Routledge, 1970.

HARDWICK K. M., *The Charles Dickens Companion*, John Murray, 1965. Permet de trouver un itinéraire dans cette œuvre complexe.

LIDDELL R., *The Novels of Jane Austen*, Longman, 1963. Une excellente étude, parmi d'autres.

TILLOTSON George, *Thackeray the Novelist*, CUP, 1954. Eclaire en particulier l'aspect satirique et la structure des romans.

**.4 : Le théâtre**

NICOLL Alardyce, *A History of XIXth Century Drama 1800-1850*, CUP, 1930 ; *A History of Late XIXth Century Drama 1850-1900*, CUP, 1946. Donne la liste des auteurs, des pièces et des conditions de leurs représentations ainsi que des appréciations critiques.

BECHSON Kenneth ed., *Oscar Wilde*, « The Critical Heritage », Kegan and Paul, 1970.

JEFFARES A. N., *A Commentary on the Collected Plays of W. B. Yeats*, Macmillan, 1975.

WINWAR F., *Wilde and the Yellow Nineties*, Harper, 1940. Décrit le milieu littéraire qui gravitait autour de Wilde et de la revue *The Yellow Book*.

## Chapitre 6

### 6.1 : Ouvrages généraux

BLAMIRES H. B., *Twentieth Century Literature*, édition revue par Norman Jeffares, Macmillan, 1986. Décrit les mouvements littéraires et les conditions socio-politiques dans lesquelles les œuvres furent produites.

BURGESS Anthony, *The Novel Now*, Faber and Faber, 1971. Point de vue personnel et bien informé d'un romancier.

ELIOT T. S., *Poetry and Drama*, Faber and Faber, 1951. Réunit des études fondamentales de la critique moderne.

EMPSON William, *Seven Types of Ambiguity*, Londres, Faber and Faber, 1930. Met l'accent sur le sens en poésie.

FRASER G. S., *The Modern Writer and his Word*, Londres, 1964.

FAULKNER P., *Modernism*, Londres, 1977. Eclaire sur les motivations et les positions théoriques des artistes de la première moité du siècle.

WAIN John, *Essays on Literature and Ideas*, Macmillan, 1963. Par un des « jeunes gens en colère ».

### 6.2 : La poésie

BERGONZI B., *T.S. Eliot,* Macmillan, 1972. Facilite l'approche de cette poésie difficile.
*Etudes anglaises*, n° 2, 1985, *La Poésie britannique 1970-1984*. Panorama et étude d'auteurs séparés, surtout irlandais.
*The Faber Book of Modern Verse*, Faber and Faber, 1959. Sélection de l'éditeur de nombreux poètes modernes, dont T.S. Eliot.
*The Oxford Book of XXth Century Verse*, OUP, 1973. Poèmes choisi par Philip Larkin, fondateur du « Mouvement ».
*The Penguin Modern Poets 10* présente les poètes du « groupe ».

RIDING Laura et GRAVES Robert, *A Survey of Modernist Poetry*, Heineman, 1927. Excellente étude des tendances diverses que ce terme regroupe.

SAGAR Keith ed., *The Achievement of Ted Hughes*, Manchester UP, 1983. Images et mythologie du poète.

SCARFE F., *Auden and After*, Routledge, 1969. Souligne l'influence décisive d'Auden sur les poètes contemporains.

THOMAS Dylan, *The Notebooks*, Ralph N. Maud ed., 1967. Où le poète exprime ses idées sur son art.

**6.3 : Le roman**

KETTLE Arnold, *An Introduction to the English Novel*, Hutchinson U. Library, 1972, vol. 2 (de George Eliot à 1970).

DEMING R. H. ed., *James Joyce*, « The Critical Heritage », Kegan and Paul, 1955.

LEAVIS F. R., *D. H. Laurence, Novelist*, O.U.P., 1955.

METCALF S., *William Golding, novels 1954-1967*, Macmillan, 1985.

MYERS ed., *A Reader's Guide to George Orwell*, Londres, 1975.

RICHTER H., *Virginia Woolf, The Inward Voyage*, Londres, 1970. Sur le mode subjectif dans le roman.

ROLO C. J., *The World of Aldous Huxley*, 1971.
*Etudes anglaises*, n° 2/3, avril/septembre 1983, *Roman et théâtre 1970-1980*. Sur le modernisme et le nouveau théâtre.

**6.4 : Le théâtre**

BENTLEY E. R., *The Modern Theatre*, Hale, 1948. Etudie les pièces d'avant la Seconde Guerre mondiale.

ESSLIN M., *Theatre of the Absurd*, Penguin, 1970.

HAYMAN R., *Harold Pinter*, Seghers, 1975.

TAYLOR J. R., *Anger and after : a Guide to the New British Drama*, Methuen, 1969. *The Second Wave : British Drama for the Seventies*, Methuen, 1971.

# INDEX DES AUTEURS

## C



## D



## E-F

## M



## N-O-P

## Q-R



## S



## T

## U à Z

N° de projet : 10011083 - (1) - 4 - (OSB 80) - C.S. : août 1992
Imprimé en France par Pollina, 85400 Luçon - n° 15168